DIE BESTEN
LIFE HACKS
FÜR ELTERN

Coole Ideen, die das Leben leichter machen

Aus dem Englischen von
Claudia Seele-Nyima

Muffin-
Förmchen
(unbenutzt)

Insekten-
freies
Getränk

Dan Marshall

Anaconda

HAFTUNGSAUSSCHLUSS

Autor und Verlag sind nicht verantwortlich für Schäden oder Verluste irgendwelcher Art, die aus der Anwendung oder unsachgemäßen Anwendung der in diesem Buch vorgestellten Tipps und Tricks entstanden sein könnten.

Die Deutsche Nationalbibliothek verzeichnet diese Publikation in der Deutschen Nationalbibliografie; detaillierte bibliografische Daten sind im Internet unter http://dnb.d-nb.de abrufbar.

Titel der englischen Originalausgabe: *Life Hacks for Parents. Handy Hints to Make Life Easier.* Chichester, West Sussex, UK: Summersdale Publishers Ltd (2017) Lizenzausgabe mit freundlicher Genehmigung
This translation published by arrangement with Summersdale Publishers Ltd
Copyright © Summersdale Publishers Ltd, 2017

Recherche: Anna Martin und Rob Melhuish
Illustrationen: Konstiantyn Fedorov

© der deutschen Übersetzung 2018 Anaconda Verlag GmbH, Köln
Alle Rechte vorbehalten.
Umschlaggestaltung: www.dya.de unter Verwendung der
Umschlagillustration der Originalausgabe
Satz: InterMedia – Lemke e. K., Ratingen
Printed in Czech Republic 2018
ISBN 978-3-7306-0573-8
www.anacondaverlag.de
info@anacondaverlag.de

INHALT

Einleitung 7

Die ersten Lebenswochen 8

Sicherheit im Haushalt 20

Erste Hilfe 36

Saubermachen 52

Aufräumen und Aufbewahren. 70

Essen und Trinken. 94

Praktischer Schnickschnack 117

Draußen und unterwegs 135

Basteln und Malen 148

Spaß und Spiel 161

Dies und das 177

Zum Schluss 187

Index 188

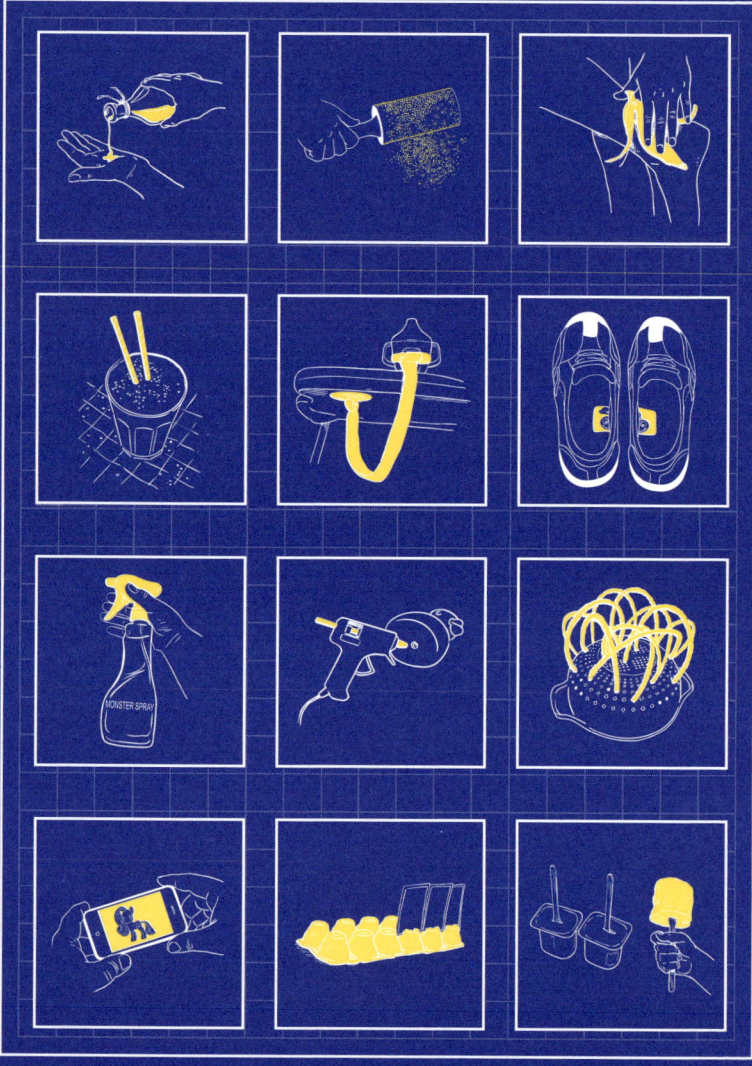

EINLEITUNG

Willkommen bei *Die besten Life Hacks für Eltern*, dem unentbehrlichen Wegweiser durch den Dschungel des Elternseins. Vom kindersicheren Haushalt über Erste Hilfe und Saubermachen bis hin zum Thema Essen – dieses Buch hält über 130 Tricks bereit, die Ihnen das Leben etwas leichter machen, ob Sie nun ein Neugeborenes zu Hause haben oder einen Teenager – oder beides.

Vielleicht müssen Sie einige »Kunstwerke« Ihres Kindes von der Wand entfernen oder Sie wünschen sich eine natürliche Methode, um Ihr zahnendes Baby zu beruhigen? Oder Sie suchen verzweifelt nach vergnüglichen Ferienaktivitäten, die Sie nicht in den Ruin treiben? All das werden Sie hier finden – und das Beste ist: Sehr wahrscheinlich haben Sie die nötigen Hilfsmittel schon im Haus!

Die besten Life Hacks für Eltern unterstützt Sie dabei, Ihr Leben mit Kindern stressfreier zu gestalten. Lesen Sie also weiter und werden Sie zu gewieften Helden des Elternalltags – Ihre Kinder werden es Ihnen danken!*

* Wenn Sie Glück haben.

DIE ERSTEN LEBENSWOCHEN

Neugeborene sind magisch und einfach süß! Nichts hat Sie jedoch auf überquellende Windeln vorbereitet oder darauf, dass Sie rund um die Uhr zum Füttern parat stehen müssen, ganz zu schweigen davon, all diese Dinge auch unterwegs zu bewerkstelligen! Dieses Kapitel liefert Ihnen praktische Tricks, die Ihnen durch die Unwägbarkeiten der ersten Monate helfen.

BODY-ERLEUCHTUNG

Die Windel ist »explodiert« und ihr Inhalt hat sich einen Weg den Rücken hinauf gebahnt. Nun wollen Sie Ihren Liebling umziehen, doch die Vorstellung, ihm den schmutzigen Body über den Kopf zu ziehen, erfüllt Sie mit Entsetzen.

Fürchten Sie nichts! Die kleinen überlappenden Schulternähte sind nicht nur Deko – sie ermöglichen es, den Halsausschnitt zu erweitern, sodass Sie den Body am Babykörper herunterziehen und einer weiteren Ausbreitung der Bescherung Einhalt gebieten können. Einfach, aber lebensrettend!

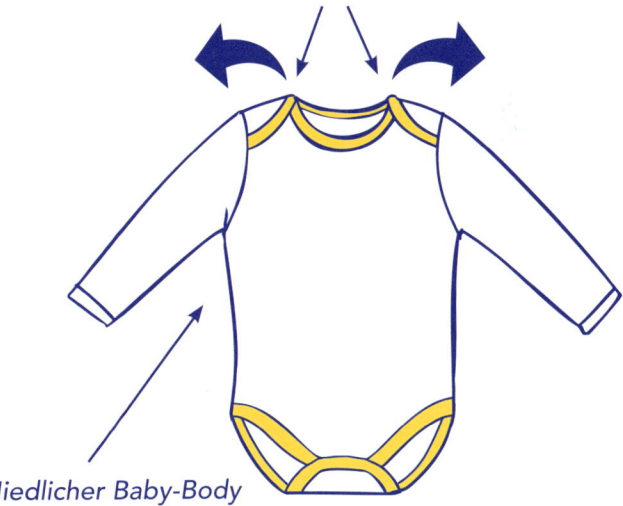

Geniale überlappende Schulternähte

Niedlicher Baby-Body

MEKONIUMSCHMELZE

Wo wir schon beim Thema sind, hier noch ein Trick, um das Hinterteil Ihres Goldkindes von Mekonium (Neugeborenen-»Kacka« oder »Kindspech«) zu reinigen. Kindspech ist wie Kleister und wenn Sie sich streng an die Empfehlung halten, in den ersten sechs Wochen nur Watte und Wasser an den Baby-Po zu lassen, könnte das Abwaschen sich in die Länge ziehen.

Doch es gibt ein Mittel, das harmlos für zarte Babyhaut ist und die Aufgabe zu einem Kinderspiel macht: Olivenöl! Reiben Sie in den ersten Tagen den Po Ihres Kindes einfach nach jedem Windelwechsel mit etwas Olivenöl ein und das Mekonium wird sich mühelos abwischen lassen.[*]

[*] Von Hebammen empfohlen.

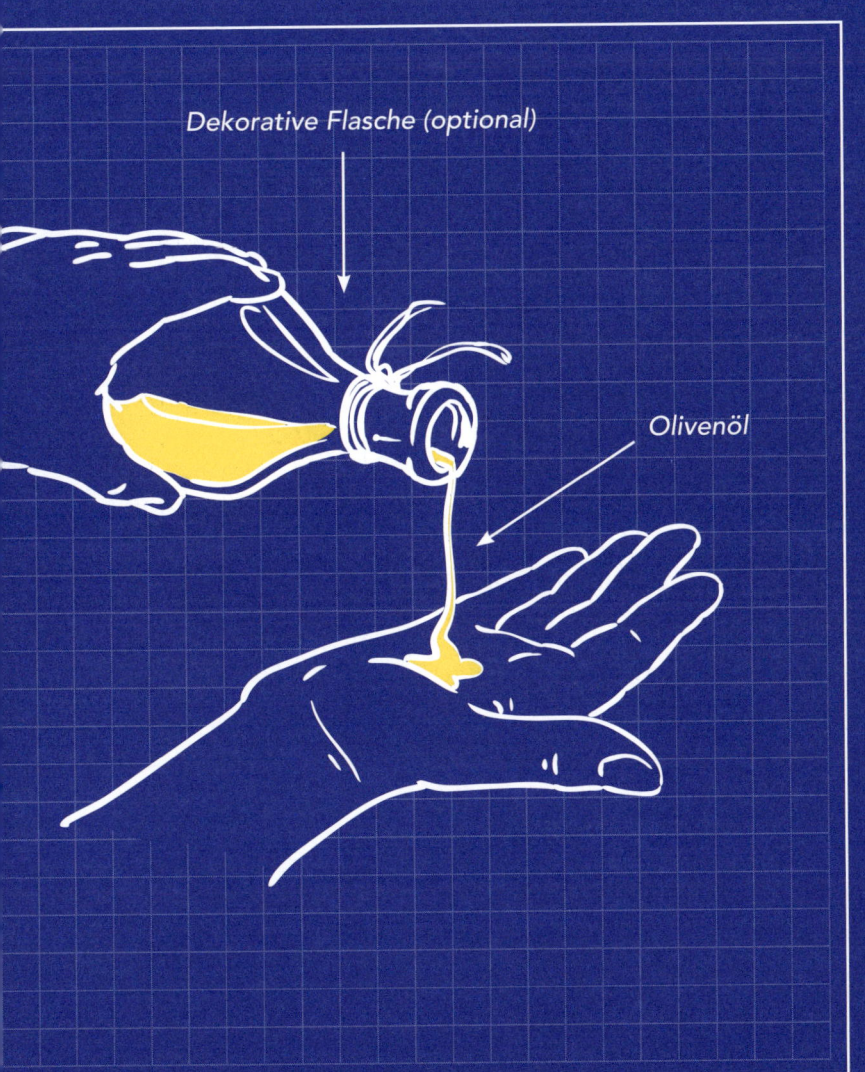

Dekorative Flasche (optional)

Olivenöl

11

KUSCHEL-SOCKE

Babys lieben Körperkontakt und Kuscheln. Das mag zwar auch für Sie sehr beruhigend sein, erschwert es jedoch, Ihr Kind zum Schlafen hinzulegen. Hier erweisen sich einige gewöhnliche Haushaltsobjekte als praktisch.

Füllen Sie eine Socke mit Reis – es sollte eine extradicke Wollsocke sein, um die Gefahr zu bannen, dass Reiskörner herausstechen – und nähen Sie sie fest zu. Schütteln Sie die Socke, um sicherzugehen, dass nichts herausfällt, und erwärmen Sie sie etwa eine Minute auf höchster Stufe in der Mikrowelle. Lassen Sie sie auf Körpertemperatur abkühlen (prüfen Sie die Temperatur) und legen Sie sie dann neben Ihr Baby, sodass es durch die Wärme beruhigt wird.[*]

[*] Ihre Reissocke hält zwar eine Weile, aber lassen Sie gesunden Menschenverstand walten – wenn sie anfängt zu stinken oder die Naht sich löst, werfen Sie sie weg und fertigen Sie eine neue an!

Tief und fest schlafendes Kind

Wohlige Reissocke

TURBO-LAKENWECHSEL

Hier ein sinnvoller Trick, wie Sie nachts das Bettzeug Ihres Babys wechseln können – was bei einem Neugeborenen zwangsläufig häufig vorkommt.

Es kann eine echte Herausforderung sein, im Halbschlaf Ersatz-bettwäsche und Matratzenschoner herauszusuchen und gleich-zeitig ein Baby zu beruhigen. Die Lösung: Beziehen Sie das Bett doppelt! Ziehen Sie über das untere Set aus Matratzenauflage und Laken einfach ein weiteres Set, sodass Sie bei einem Malheur nur die beiden obersten Schichten entfernen müssen – eine minimale Schlafunterbrechung.

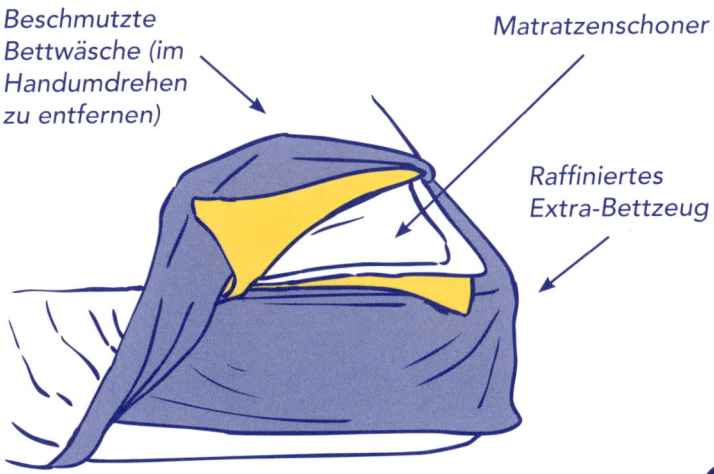

Beschmutzte Bettwäsche (im Handumdrehen zu entfernen)

Matratzenschoner

Raffiniertes Extra-Bettzeug

KOKOSNUSS GEGEN »MILCHSCHORF«

Babys neigen manchmal zu trockener Haut und zu »Milchschorf«. Diese Verkrustungen auf der Kopfhaut sind oft hartnäckig.

Statt sofort in die nächste Apotheke zu eilen, tragen Sie doch einmal ein wenig Kokosnussöl auf die betroffenen Stellen auf. Dieses Öl ist nicht nur harmlos, wenn es verschluckt wird, sondern auch sanft zur Babyhaut. Außerdem kann es zur Linderung von Insektenstichen, Ekzemen und Windelausschlag benutzt werden – und es riecht gut!

Vielfältig anwendbares Kokosnussöl

Dekorative Kokosnüsse

FLECKENSCHUTZ

Wie oft haben Sie sich schon ausgehfertig gemacht und kurz darauf wurde Ihr Outfit von Ihrem lieben Kleinen mit Erbrochenem oder Windelinhalt verziert? Für Eltern ist so etwas ein Berufsrisiko.

Versuchen Sie es damit: Legen Sie sich einen Laborkittel zu (so einen, wie Sie ihn früher im Chemieunterricht getragen haben). So können Sie Ihre Kleidung makellos sauber halten, statt sich einen Ruf als stadtbekannte Kleckerflecken-Eltern zu erwerben.

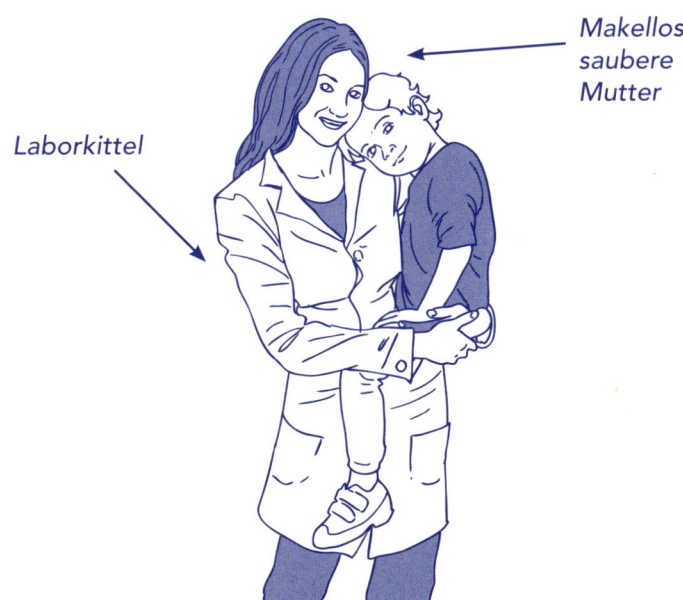

Makellos
saubere
Mutter

Laborkittel

ZAHNUNGSSCHMERZEN LINDERN

Zahnen ist eine unangenehme Erfahrung – für Kind und Eltern. Hier ein einfacher Trick gegen schmerzendes Babyzahnfleisch. Ihre Hände sollten dafür sauber sein.

Wenn Ihr Baby Zähne bekommt, will es nur eines: auf etwas herumkauen! Lassen Sie Ihren kleinen Schatz auf Ihren Fingern kauen. Ein weiterer einfacher Trick besteht darin, dass Sie mit dem Finger sein Zahnfleisch reiben, denn der Druck wirkt schmerzlindernd.

Zahnendes Kind

Ihre Finger

17

MUTTERMILCH-EISWÜRFEL

Wenn Sie Muttermilch in einer Eiswürfelschale – vorzugsweise mit Deckel – einfrieren, lässt sie sich schneller auftauen und die Würfel sind ideal, um sie beim Abstillen mit Babynahrung zu mischen. Ein Würfel aus einer Standard-Eiswürfelschale entspricht etwa 20 ml Milch, sodass Sie außerdem noch abschätzen können, wie viel Ihr Kind isst.[*]

[*] Tauen Sie Muttermilch im Kühlschrank auf. Nach dem Auftauen kann sie bis zu zwölf Stunden im Kühlschrank aufbewahrt werden. Frieren Sie aufgetaute Milch nicht wieder ein.

Muttermilch darf nicht in der Mikrowelle aufgetaut oder erhitzt werden. Falls die Zeit drängt, legen Sie den Behälter mit der Muttermilch erst unter kaltes, dann unter warmes fließendes Wasser oder in eine Schüssel mit warmem Wasser. Trocknen Sie das Behältnis vor dem Öffnen von außen ab und verwenden Sie die Milch sofort.

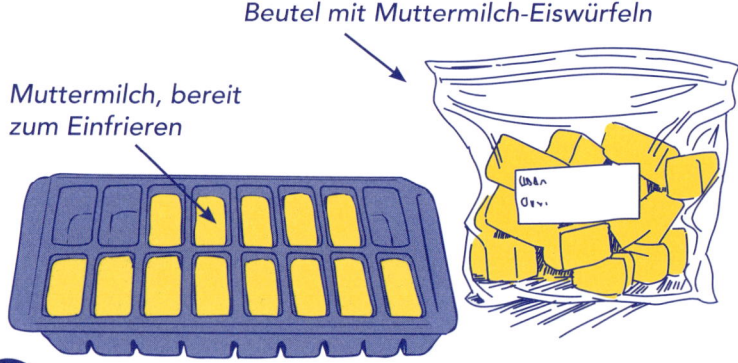

Beutel mit Muttermilch-Eiswürfeln

Muttermilch, bereit zum Einfrieren

MILCH – JEDERZEIT BEREIT

Unterwegs kann es knifflig sein, einen Ort zu finden, wo Sie Ihr Milchfläschchen schnell aufwärmen können. Normalerweise müssen Sie dazu in ein Café gehen und nett fragen. Was aber, wenn Sie irgendwo weitab vom Schuss sind? Dann tut es auch dieser einfache Hack:

Stellen Sie ein Fläschchen Muttermilch in einen Thermobecher (mit Deckel) und fügen Sie etwas heißes Wasser zum Warmhalten hinzu, sodass Sie die Milch bei Bedarf jederzeit benutzen können.*

* Es wird empfohlen, erwärmte Muttermilch nach zwei Stunden zu entsorgen.

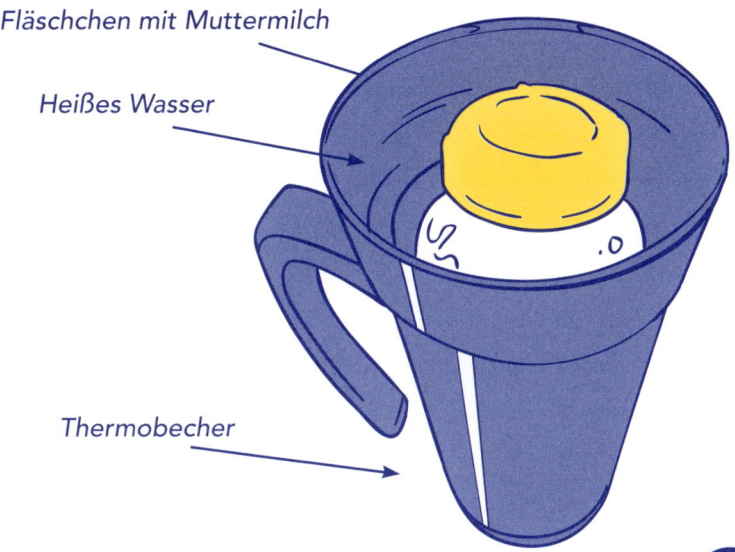

Fläschchen mit Muttermilch

Heißes Wasser

Thermobecher

SICHERHEIT IM HAUSHALT

Kindersicherheit im Haus ist höchstes Gebot, sobald Ihr Kind beginnt hin und her zu rollen, zu krabbeln und herumzutapsen wie ein aufgeregtes Erdmännchen. Mit den folgenden preiswerten und einfallsreichen Tricks können Sie potenzielle Gefahren im Haus eliminieren.

RUTSCHFESTE PUSCHEN

Sobald Ihr Kind seine ersten wackligen Schritte tut, müssen Sie unterstützende Fußbekleidung kaufen, um es vor Stürzen, Stößen und Schrammen zu bewahren. Vielleicht trägt es gern weiche Hausschuhe – doch diese sind nicht ungefährlich, wenn Sie zu Hause Parkett- oder Fliesenböden haben. Dieser Hack befreit Sie davon, sich für teure Lauflernschuhe mit rutschfester Sohle in Unkosten zu stürzen.

Fertigen Sie einfach selbst welche an, indem Sie ein Paar Puschen nehmen und mit einer Heißklebepistole* Leimtropfen auf den Sohlen anbringen. Nach dem Trocknen erfüllen die Kleckse genau dieselbe Funktion wie Noppen.

* Preiswert in Bastelgeschäften und Baumärkten zu erwerben.

Lauflernpuschen – mal ganz anders!

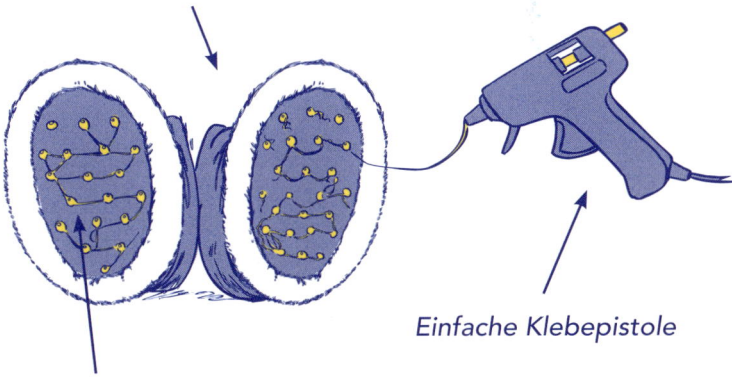

Einfache Klebepistole

Kleberkleckse

BETT-PUFFER

Dieser Hack für ängstliche Eltern, deren Kinder aus Versehen aus ihrem neuen Bett herausfallen, weil sie ihr von vier Seiten geschütztes stabiles Gitterbett gewohnt sind, wird den einen oder anderen nächtlichen Plumpser verhindern.

Besorgen Sie sich eine Poolnudel (das ist eine lange runde Schaumstoffstange, die als Schwimmhilfe dient) und legen Sie sie am äußeren Matratzenrand unter das Spannbettlaken, sodass sie eine weiche Barriere bildet. So kann sich Ihr Kind nachts nicht aus dem Bett rollen.

Besorgniserregend
hohes Bett

Poolnudel

FINGERKLEMMSCHUTZ

Wenn Sie sich Sorgen machen, Ihre Kinder könnten sich die Finger in der Tür einklemmen, oder wenn sie oft die Tür zuknallen, dann ist dieser Hack für Sie.

Schneiden Sie ein 15 cm langes Stück von einer Poolnudel ab (wenn Sie für den Bett-Puffer extralange Nudeln gekauft haben – perfekt!). Schlitzen Sie es längs auf, wie ein Baguette. Streifen Sie den abgeschnittenen Teil über die Kante der oberen Türhälfte und Sie haben einen leisen Türstopper und keine eingeklemmten Finger mehr.

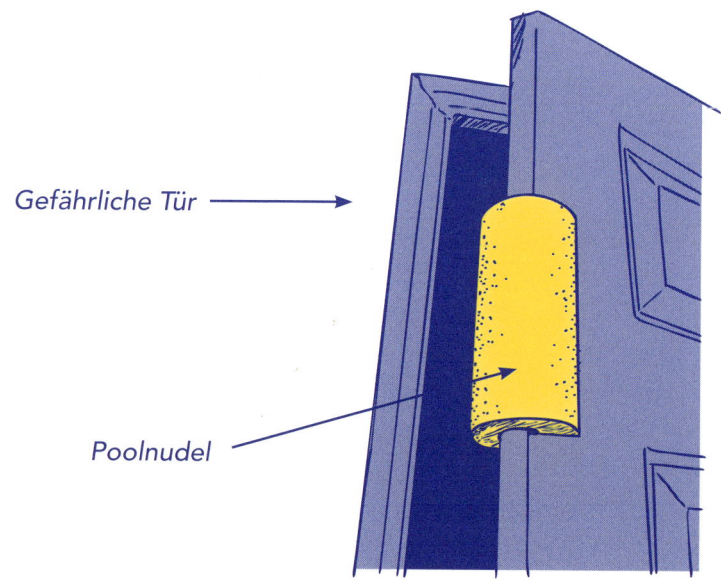

Gefährliche Tür ⟶

Poolnudel

BÜCHERREGALSCHUTZ

Kleinkinder erkunden gern Dinge und es ist einfach unmöglich, alles außer Reichweite zu bringen. Mit diesem Hack können Sie Ihre Bücher im Regal lassen, ohne die Sorge, dass Ihr Kind sich wehtut oder Ihre Bücher Schaden nehmen.

Nehmen Sie Fahrradschläuche (sie sollten sauber sein!) und spannen Sie sie einmal um das gesamte Regal herum, über die Vorder- und Rückseite. Wenn Ihr Kind mit Ihren Büchern spielen will, werden diese nun standfest an Ort und Stelle bleiben.

Schwere Bände

Fahrradschläuche

Neugieriges Kind

STECKER-VERSTECK

Manche Kinder werden von allem Elektrischen magnetisch ange-zogen, vor allem von Kabeln, (Mehrfach-)Steckern, Verlängerungs-schnüren und Überspannungsschutzschaltern.

Um zu verhindern, dass Ihr Kind Stecker und Steckdosen erkundet, nehmen Sie einen großen Plastikbehälter mit Deckel und schnei-den Sie ein Loch in die Seite (wenn nötig, zwei). Legen Sie die Steck-dosenleiste (mit Überspannungsschutz) in die Dose und ziehen Sie die Kabel durch das Loch. Verschließen Sie dann die Dose fest mit dem Deckel – Gefahr gebannt!

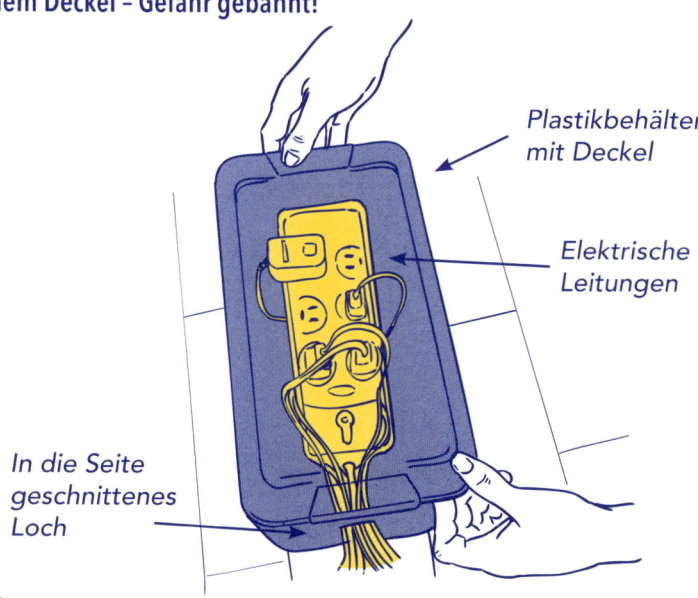

Plastikbehälter
mit Deckel

Elektrische
Leitungen

In die Seite
geschnittenes
Loch

FENSTER-STICKER

An großen Fenstern und durchsichtigen Terrassentüren können Kleinkinder sich leicht den Kopf stoßen, darum hier ein einfacher Trick, um Glas besser sichtbar zu machen.

Verwenden Sie zum Dekorieren Ihrer Fenster selbsthaftende Fensterbilder in leuchtenden Farben (Abziehbilder, die keine Spuren hinterlassen). Wenn Sie auch ältere Kinder haben, können Sie das Dekorieren zu einer lustigen Aktivität für sie machen. Fenster oder Glastüren sind nun leichter zu sehen und Ihr Baby wird nicht mehr mit dem Kopf voran hineinkrabbeln.

Große
Glastür

Fensterbilder
in leuchtenden
Farben

TÜRSCHNAPPER-SPERRE

Wenn Sie schon mal erlebt haben, welche Panik eine defekte Türverriegelung auslösen kann (besonders, wenn sie klemmt oder einrastet und Ihr Kleinkind sich im Bad einschließt), werden Sie sich über diesen Hack freuen.

Winden Sie an einer Seite der Tür ein dickes Gummiband um die Klinke oder den Knauf und verdrehen Sie es zu einer Acht. Wickeln Sie es dann um die Klinke auf der anderen Seite. Das Gummiband bildet am Kreuzungspunkt eine Türschnapper-Sperre, sodass dieser nicht mehr einrastet und Klemmende-Tür-Szenarien vermieden werden.

Türknauf

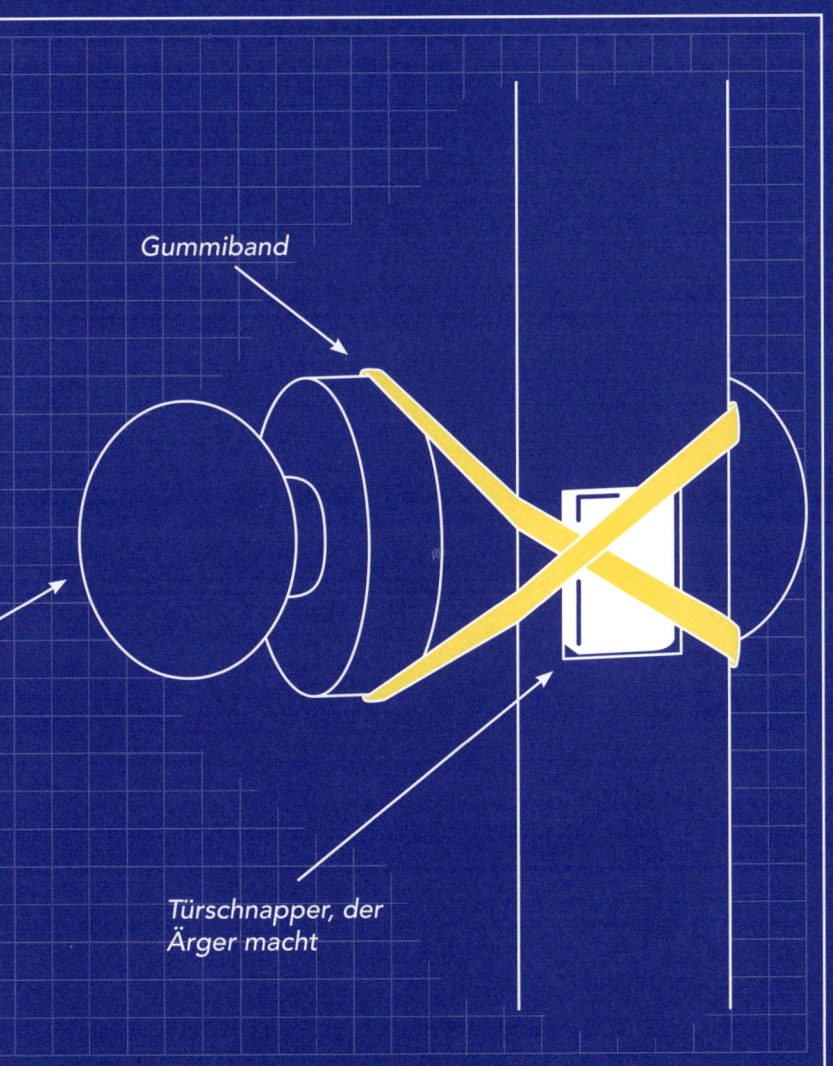

Gummiband

Türschnapper, der
Ärger macht

29

TENNISBALL-TISCHECKEN

Couch- und Esstische sind gefährlich, sobald Ihr Kind mobil wird – besonders die Ecken. Wenn Sie keine kostspieligen Eckenschützer aus Plastik kaufen wollen (die noch dazu ungepolstert sind), sind Tennisbälle die Antwort. Nehmen Sie so viele Tennisbälle, wie Sie brauchen, und schneiden Sie jeweils einen dünnen Keil heraus. Stülpen Sie sie über die Ecken. Auch wenn das Ergebnis an eine Dinnerparty mit Tennismotto erinnert: Der unversehrte Kopf Ihres Kindes ist es wert!

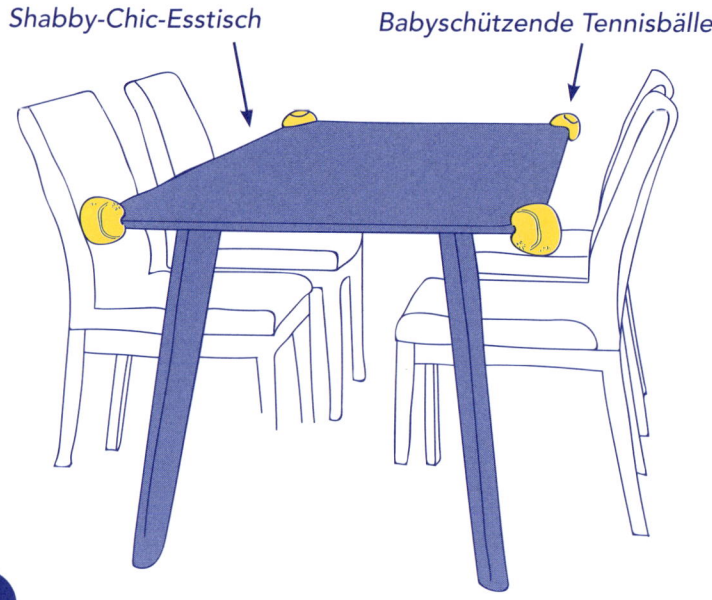

Shabby-Chic-Esstisch

Babyschützende Tennisbälle

BABYSICHERE GLASTISCHE

Glastische mögen vielleicht stylisch aussehen, aber sie können, wie Tischecken, für Kinder zur Gefahr werden. Hier eine Methode, wie Sie harte Kanten weicher machen können.

Besorgen Sie sich Schaumstoffdämmung für Rohre; sie ist in guten Baumärkten erhältlich. Kürzen Sie sie auf die Länge der Tischkanten und schneiden Sie sie längs ein, sodass der Schaumstoff über die Kanten gestülpt werden kann. Fixieren Sie das Ganze mit Klebeband. Dieser Sicherheitstrick kann auch bei einem Herd oder anderen Geräten und Möbeln mit scharfen Kanten angewandt werden.

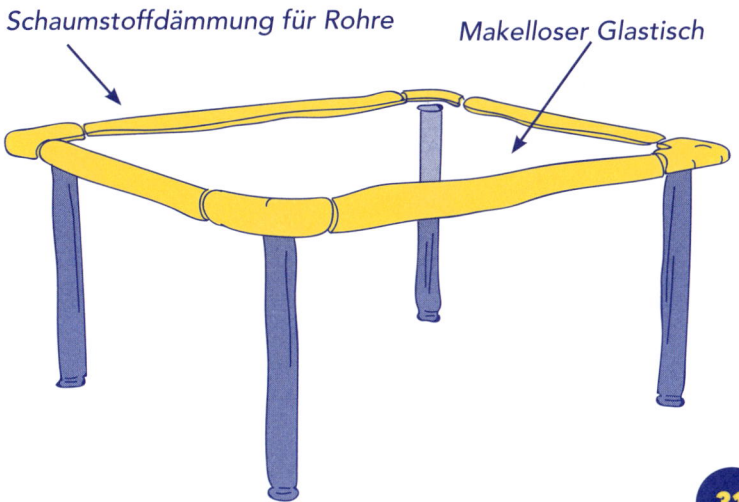

Schaumstoffdämmung für Rohre

Makelloser Glastisch

TRAMPOLINSICHERHEIT

Trampoline sind zwar ungeheuer beliebt bei Kindern, aber sie sind auch für zahlreiche Notfallbehandlungen in Krankenhäusern verantwortlich, nicht zuletzt deswegen, weil ihre Federn potenziell gefährlich sind. Hier ein Trick, um sie sicherer zu machen.

Kommen wir wieder auf unsere alte Freundin, die Poolnudel, zurück. Je nach Größe Ihres Trampolins werden Sie mehrere brauchen (acht bis zehn sollten reichen). Schneiden Sie sie auf die Länge der Trampolinfedern zu, schlitzen Sie die Stücke längs auf (wie bei dem fingerrettenden Türstopper) und befestigen Sie eins an jeder Feder. Nun kann sich Ihr Kind nicht mehr so leicht mit Händen und Füßen in den Federn verfangen.

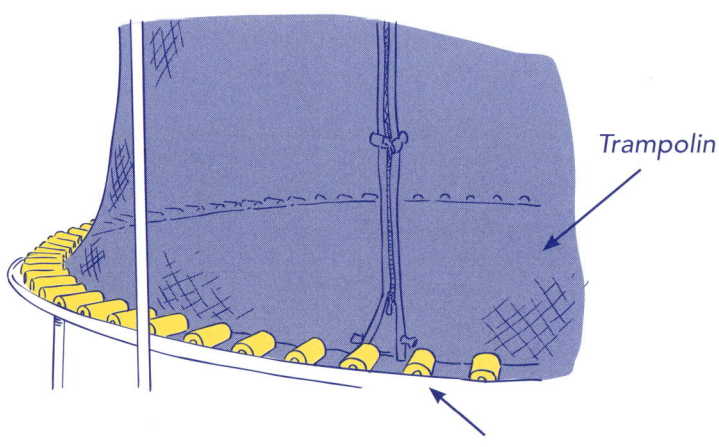

Trampolin

Stücke verlässlicher Poolnudeln

WUNDERKERZENHALTER

Wunderkerzen sind ein Highlight an Silvester und auf jeder Kinderparty, können aber auch zu Unfällen führen. Dieser Hack macht es möglich, dass Ihr Kind mit Wunderkerzen spielt und dabei trotzdem sicher ist.

Sie brauchen nichts weiter als einen großen Plastikbecher. Durchbohren Sie den Boden und schieben Sie die Wunderkerze hindurch. Achten Sie darauf, dass die Brennschicht der Wunderkerze außerhalb des Bechers bleibt. Ihr Kind kann die Wunderkerze halten und ist durch den Becher vor der Hitze geschützt. Halten Sie einen Eimer Wasser für abgebrannte Wunderkerzen bereit und passen Sie gut auf Ihr Kind auf, wenn die Wunderkerze brennt.

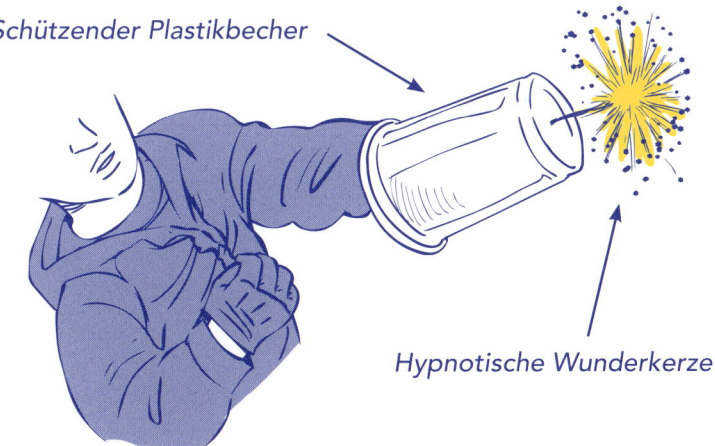

Schützender Plastikbecher

Hypnotische Wunderkerze

RUTSCHFESTER TEPPICH

Sie können Ihr Kind noch so aufmerksam beim Spielen beaufsichtigen, Hinfallen lässt sich nun mal nicht vermeiden. Dennoch können Sie nach bestem Vermögen Vorkehrungen treffen und potenzielle Hindernisse auf dem Boden sicherer machen.

Wenn Sie rutschende Teppiche und Fußmatten haben, verschwenden Sie Ihr Geld nicht für eine teure, passend zurechtgeschnittene Anti-Rutsch-Unterlegmatte! Tragen Sie einfach einige Kleckse Acryl-Dichtungsmasse (solche, wie sie auch im Bad zum Einsatz kommt) auf die Unterseite des Teppichs oder der Matte auf und schon ist alles rutschfest.

Gummiartige, haftende Dichtungsmasse

Fußmatte – jetzt rutschfest

ERSTE HILFE

Die Gesundheit und das Wohlbefinden Ihres Kindes sollten Sie nicht auf die leichte Schulter nehmen und natürlich sind Hausarzt oder Hebamme Ihre erste Anlaufstelle, wenn es Ihrem Kind nicht gut geht. Zusätzlich bieten Ihnen die folgenden Seiten aber Hacks, die es ein bisschen leichter machen, Ihr Kind im Fall des Falles zu versorgen.

ANTI-JUCKREIZ-BANANE

Insektenstiche und -bisse können unerträglich jucken. Dieser Hack lindert den Juckreiz, sodass Sie keine medizinische Salbe brauchen – und Sie werden Bananen in ganz anderem Licht sehen!

Das nächste Mal, wenn Ihr Kind einen Insektenstich hat, schälen Sie einfach eine Banane und reiben Sie die Innenseite der Schale über die Stelle. Die Bananenschale wird die Schwellung abklingen lassen und das Jucken lindern.

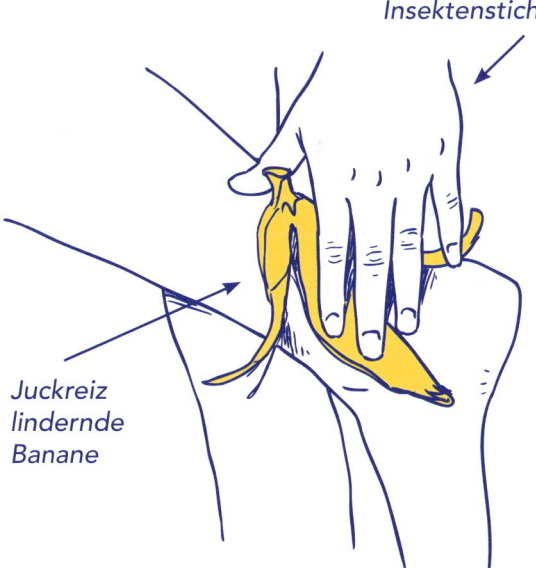

Insektenstich-Opfer

Juckreiz lindernde Banane

SPLITTER-HERAUSZIEHHILFE

Splitter können schmerzhaft sein. Hier ein Trick, wie Sie sie mühelos herausziehen können:

Packen Sie ein bisschen Natron in Ihre Erste-Hilfe-Tasche. Wenn der Splitter sein hässliches Gesicht erhebt, befeuchten Sie die schlimme Stelle mit Wasser und streuen Sie etwas Natron darauf. Kleben Sie vorsichtig für etwa einen Tag ein Pflaster darüber. Wenn Sie es abziehen, hebt sich der Splitter aus der Haut und kann leicht vollständig herausgezogen werden.

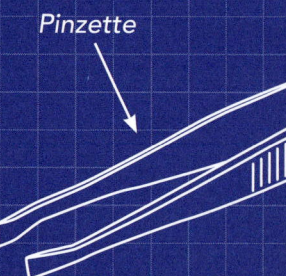

Pinzette

Der böse Splitter

SPEISE NATRON

Natron

Pflaster

SPLITTERENTFERNUNG MIT HOLZLEIM

Hier ein weiterer Trick zur Splitterentfernung, falls Sie gerade kein Natron im Schrank haben.

Geben Sie einen kleinen Tropfen Holzleim auf den Splitter. Lassen Sie ihn trocknen und ziehen Sie ihn dann vorsichtig wieder ab. Der Splitter klebt am Leim und lässt sich so - falls er nicht zu tief sitzt - herausziehen.

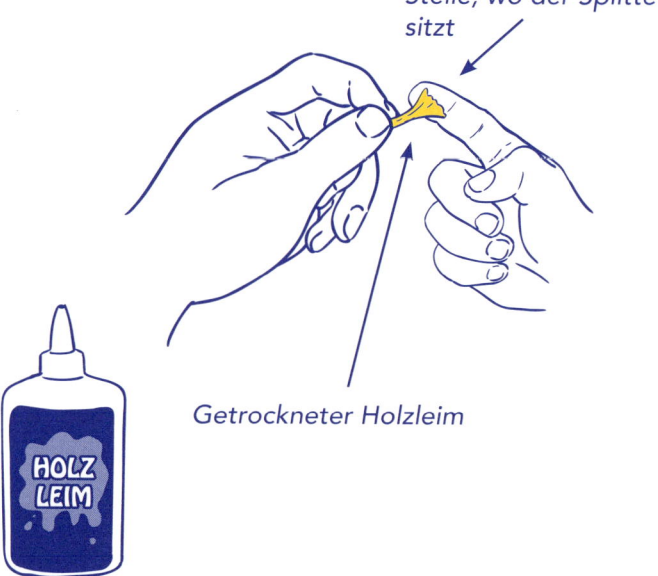

Stelle, wo der Splitter sitzt

Getrockneter Holzleim

HOLZ LEIM

MEDIZIN-EINNAHMEPLAN

Bei Schlafmangel und einer Million Dingen auf Ihrer To-do-Liste kann es schwierig sein, im Kopf zu behalten, wann Sie Ihrem Kind zuletzt seine Medizin gegeben haben, doch Hilfe naht.

Die technikfreie Methode besteht darin, einen Einnahmeplan auf die Rückseite der Packung oder Flasche zu zeichnen, sodass Sie bei jeder Einnahme ein Feld abhaken können. Wenn Sie ein Smartphone oder ein anderes Gerät haben, gibt es Apps wie MediSafe, die Ihnen eine Erinnerung schicken, wenn es Zeit für die Medizin ist.

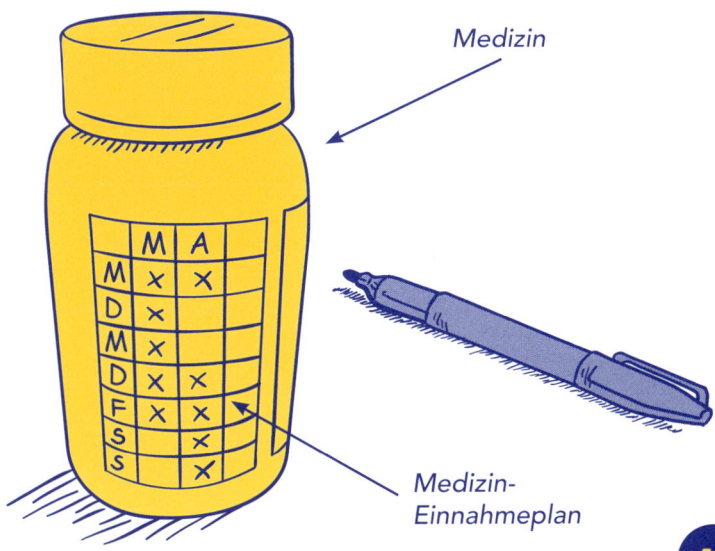

Medizin

Medizin-Einnahmeplan

41

ANTI-TROPF-KÜHLPACK

Ein gezerrter Knöchel und aufgeschürfte Knie sind keine nasse Angelegenheit mehr, dank dieses raffinierten Tricks.

Um ein Kühlpack anzufertigen, das nicht tropft, stecken Sie einen mit Wasser vollgesaugten Schwamm in einen verschließbaren Plastikbeutel und frieren Sie ihn ein. Wenn Sie ihn schließlich benutzen, sammelt sich das schmelzende Eis in dem Beutel, statt über die Kleidung Ihres Kindes und den Teppich zu fließen. Halten Sie immer einige gefrorene Schwämme bereit, damit sie bei Bedarf einsatzbereit sind.

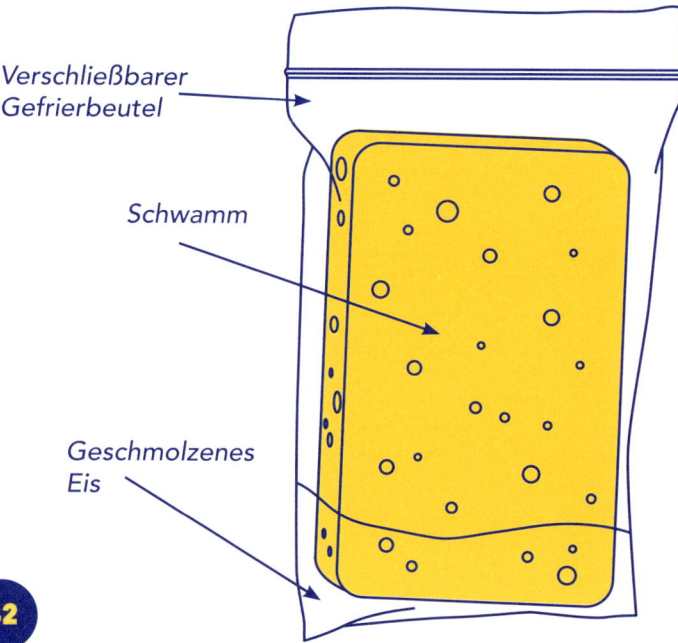

Verschließbarer
Gefrierbeutel

Schwamm

Geschmolzenes
Eis

MARSHMALLOW-KÜHLPACK

Wenn Ihnen ein weicheres, nicht ganz so kaltes Kühlpack lieber ist, versuchen Sie es doch einmal mit Marshmallows!

Füllen Sie einfach einen verschließbaren Beutel mit Marshmallows und legen Sie ihn ins Gefrierfach. Wenn Ihr Kind eine Beule oder eine Schürfwunde hat, legen Sie ihn auf die betroffene Stelle. Die ungewohnten Marshmallows werden Ihr Kind zusätzlich von seinem »Aua« ablenken!

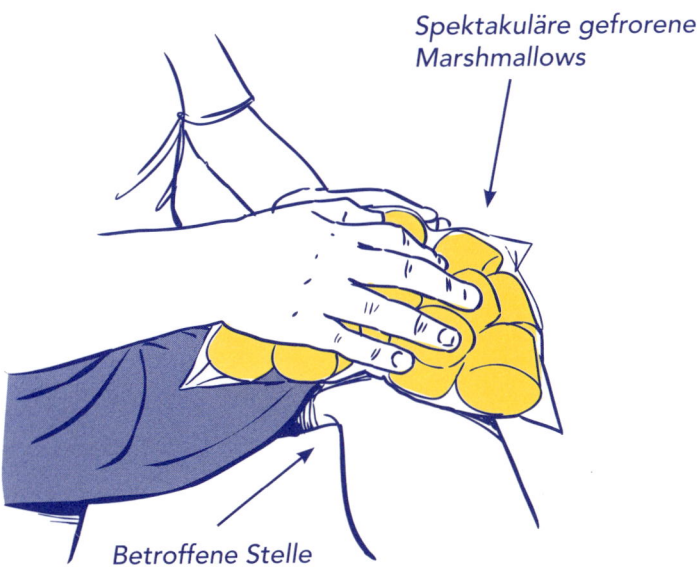

Spektakuläre gefrorene Marshmallows

Betroffene Stelle

HALS-KRATZ-HILFE

Ein juckender und kratzender Hals ist kein Spaß, vor allem, weil man die juckende Stelle nicht erreichen und kratzen kann. Hier ein hilfreicher Trick:

Nächstes Mal, wenn Ihr Kind über einen juckenden Hals klagt, versuchen Sie einmal, sein Ohr zu berühren. So verrückt es auch klingt, wenn Sie sein Ohrläppchen zwischen Daumen und Zeigefinger massieren, verschwindet das Jucken! Das Ohr zu massieren stimuliert Nerven, die bewirken können, dass sich ein winziger Muskel in der Kehle zusammenzieht und so die nervtötende juckende Stelle »kratzt«.

Hier massieren!

Funktioniert auch
bei Erwachsenen

45

MARSHMALLOW-HALSBONBONS

Marshmallows können auch zur Linderung von Halsweh oder Halskratzen eingesetzt werden. Das sind tolle Nachrichten für Eltern, deren Kinder ihre Medizin nicht einnehmen wollen.

Die Gelatine in diesen Leckereien wirkt genauso wie eine Halstablette. Geben Sie Ihrem Kind drei oder vier Marshmallows, an denen es saugen kann, und es wird sich im Handumdrehen besser fühlen. Aber Achtung: Marshmallows könnten Ihr Kind dazu verleiten, Halsschmerzen künftig vorzutäuschen!*

* Nur für Kinder über drei Jahre, denn Babys und Kleinkinder können sich an Marshmallows leicht verschlucken und ersticken. Für Vegetarier und Veganer nicht geeignet.

Halsschmerzlindernde Nascherei

MARSHMALLOWS

FRUCHTIGER HUSTENSAFT

Ein schlimmer Husten ist für jeden unangenehm und für ein kleines Kind ist es eine Qual, nachts von Hustenanfällen geplagt zu werden. Dieser Hack hilft Ihrem Kind, sich besser zu fühlen.

Beim nächsten Mal, wenn Ihr Liebling Husten hat, geben Sie ihm etwas mit Wasser verdünnten Ananassaft zu trinken. Er wirkt ähnlich lindernd wie Hustensaft.[*]

[*] Nicht für Kinder unter 12 Monaten geeignet.

Ob Sie es glauben oder nicht:
Das ist eine Ananas …

… und das ist ihr Saft …

GUTE-NACHT-SOCKEN FÜR SCHNIEFNASEN

Eine Erkältung ist hart für die Kleinen, besonders dann, wenn sie deswegen nicht durchschlafen – was auch für Sie anstrengend sein kann! Beim nächsten Mal, wenn Ihr Kind eine verstopfte Nase hat, versuchen Sie es doch einmal mit diesem Hack.

Reiben Sie die Fußsohlen Ihres Kindes mit Erkältungssalbe ein und ziehen Sie Socken darüber – so kann Ihr Baby die Salbe nicht versehentlich schlucken, wenn es nachts mit seinen Füßen spielt, und der Balsam verschmiert auch nicht die Bettwäsche.

*Besockte, mit Erkältungs-
balsam eingeriebene Füße*

MENTHOL
BALSAM

*Anti-Schnief-
Mentholsalbe*

SOFORTIGE SONNEN-BRANDLINDERUNG

Egal, wie oft Sie Ihr Kind mit Sonnencreme einreiben, der Tag wird kommen, an dem Sie eine Stelle vergessen und Ihr Kind über brennende Haut klagt. Hier ein leicht herstellbares Mittel zur Sonnenbrandlinderung, das nahezu unbegrenzt haltbar ist.

Sie brauchen dazu nichts weiter als Aloe-Vera-Gel und einen Eiswürfelbehälter. Befüllen Sie die Fächer zu drei Vierteln mit dem Gel und gießen Sie Wasser nach, bis die Fächer randvoll sind. Einfrieren und bei Sonnenbrand mit einem Würfel über die betroffene Stelle streichen – Linderung ist sofort spürbar.

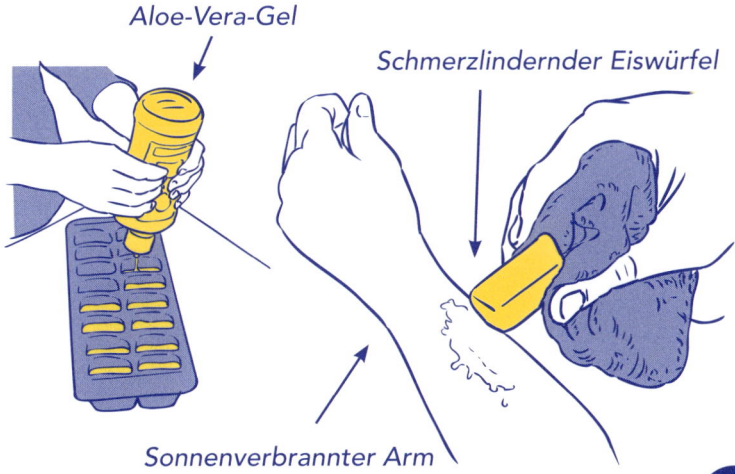

Aloe-Vera-Gel

Schmerzlindernder Eiswürfel

Sonnenverbrannter Arm

TOLLER TRAUBENSAFT

Dieser Hack ist lebensrettend für Familien, die sich leicht Magen-Darm-Infekte einfangen. Eine Möglichkeit, sich davor zu schützen, ist die, Ihr Kind von anderen Kindern fernzuhalten – doch weit weniger antisozial ist dieser Hack.

Besorgen Sie beim nächsten Mal, wenn ein Familienmitglied Bauchweh hat, hundertprozentigen roten Traubensaft und verabreichen Sie ihn der ganzen Familie. Hier ein bisschen Wissenschaft: Der Traubensaft verändert den PH-Wert in Ihrem Darmtrakt, stoppt den Virus in der Ausbreitung und spült ihn aus Ihrem System. Der Saft enthält auch antivirale Chemikalien, Vitamin C und Antioxidantien.[*]

[*] Nicht für Kinder unter zwölf Monaten geeignet.

Toller
Traubensaft!

SAUBER-MACHEN

Mit Kindern lauert der Fleckenteufel einfach überall. Wir von *Life Hacks* nehmen Flecken ernst! Mit diesen Putztricks bleibt Ihr Heim porentief rein und keimfrei (… mindestens 20 Minuten!).

FLITTER VERSCHWINDE!

Basteln bedeutet oft, dass Glitzerstaub verstreut wird und sich überall verteilt, in Teppichen vergräbt und jede nur erdenkliche Oberfläche bedeckt. Dieser einfache Hack hält Ihr Haus flitterfrei.

Erstehen Sie eine Fusselrolle, die speziell dem Putzen vorbehalten ist, und rollen Sie sie über den Glitzerstaub, um auch das letzte Fitzelchen herauszuziehen – Sie können es sogar zu einem lustigen Spiel für die Kinder machen.

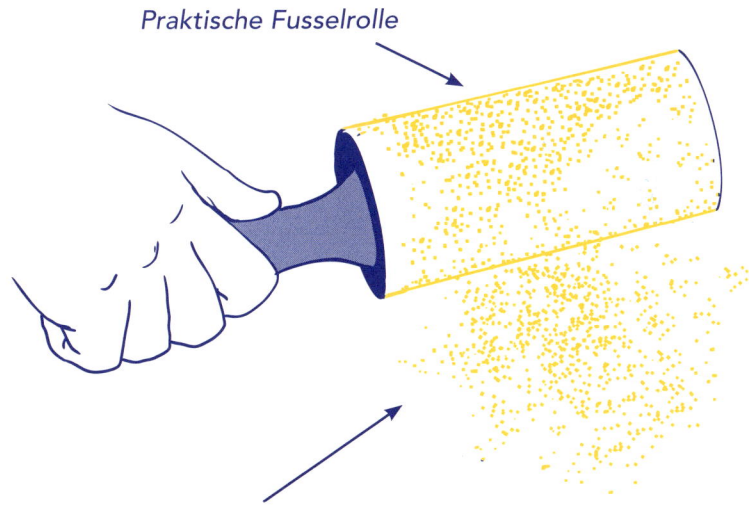

Praktische Fusselrolle

Verstreuter Flitter

WACHSMALSTIFT-ENTFERNER

Wachsmalstift-Kritzeleien auf der Wand sind der Fluch aller Haushalte mit Kleinkindern. So können Sie sie beseitigen (die Kritzeleien, nicht die Kinder):

Besprühen Sie einen Lappen mit etwas wasserabweisendem Schmiermittel und wenden Sie es an der betroffenen Stelle an. Die Kreidespuren werden auf magische Weise verschwinden.

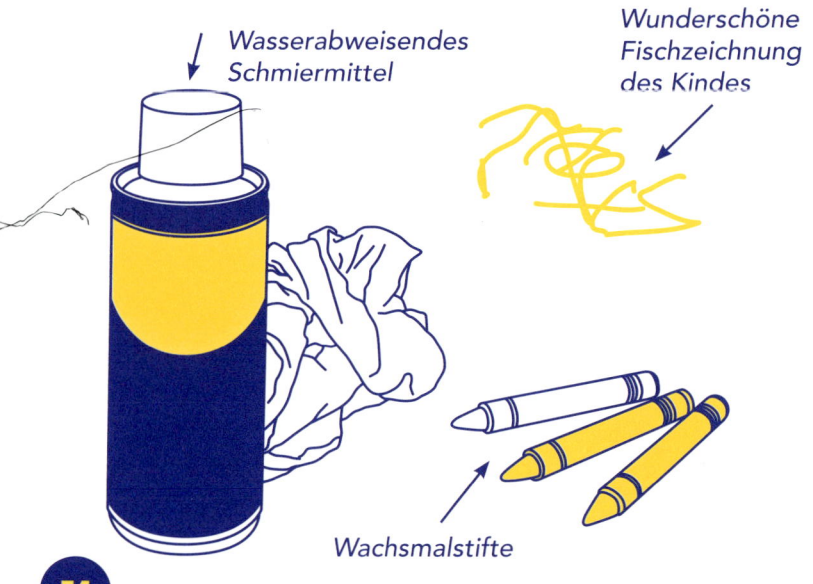

Wasserabweisendes Schmiermittel

Wunderschöne Fischzeichnung des Kindes

Wachsmalstifte

BROT-RADIERGUMMI

Frage: Was tun Sie, wenn Ihre Kinder alle Wände vollkritzeln (und der Hack auf S. 54 nicht praktikabel ist, weil Sie nicht wollen, dass Ihr Wohnzimmer wie eine Garage riecht)?

Nehmen Sie eine Scheibe Weißbrot (etwas altbackenes Brot funktioniert am besten), schneiden Sie die Kruste ab und drücken sie das weiche Innere zu einem Ball zusammen. Wischen Sie die Wand mit einem weichen Lappen ab und reiben Sie dann Ihren Brotball über die störenden Kreide- oder Stiftspuren, um sie zu beseitigen. Ja, Sie könnten auch ein Radiergummi benutzen, aber die Wände mit Kohlenhydraten zu schrubben ist viel lustiger.

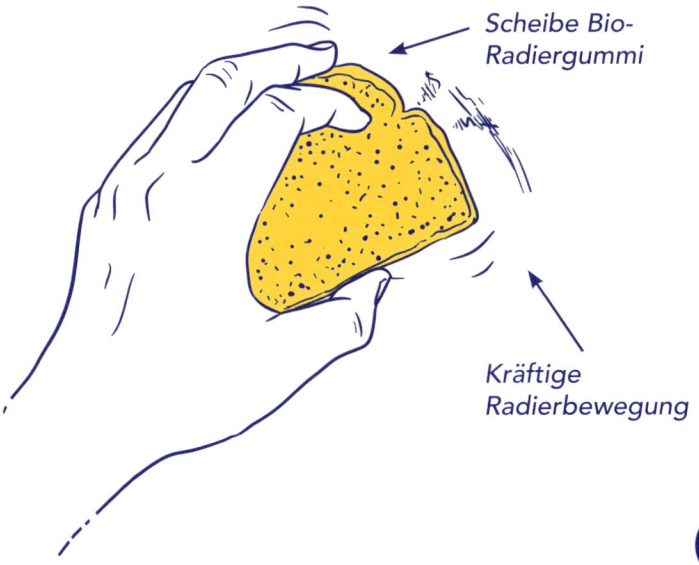

Scheibe Bio-Radiergummi

Kräftige Radierbewegung

MAGISCHER WASSER-RINGE-ENTFERNER

Wenn Ihre Kinder (oder Freunde) Ihre Untersetzer lieber als Mini-Frisbees benutzen als ihre Gläser daraufzustellen, werden Sie sich mit der Gefahr hässlicher Wasserflecken befassen müssen. Wenn es zum Schlimmsten kommt und sie am Ende tatsächlich einen Fleck finden, seien Sie zuversichtlich – Ihr Tisch ist nicht ruiniert.

Stellen Sie einen Föhn auf höchste Stufe und halten Sie ihn nah an den Wasserfleck. Sehen Sie zu, wie er sich vor Ihren Augen auflöst (das könnte jedoch etwas dauern, also nicht einschlafen). Reiben Sie dann etwas Olivenöl auf den Bereich, um das Holz zu befeuchten. Nun können Sie sich mit einem Tässchen Tee zurücklehnen und Ihr Werk bewundern (aber verwenden Sie einen Untersetzer!).

Föhn

Störender Wasserring

SPIELZEUG KEIMFREI MACHEN

Babyspielzeug aus Plastik wird ständig von klebrigen Fingern angefasst und besabbert. Hier eine preiswerte Methode, Spielsachen zu sterilisieren.

Statt eine Industrielieferung antibakterieller Tücher zu verbrauchen, legen Sie das Spielzeug einfach in den heißen Waschgang der Spülmaschine. Es wird porentief rein wieder herauskommen – es sei denn, Sie haben eine schmutzige Spülmaschine.

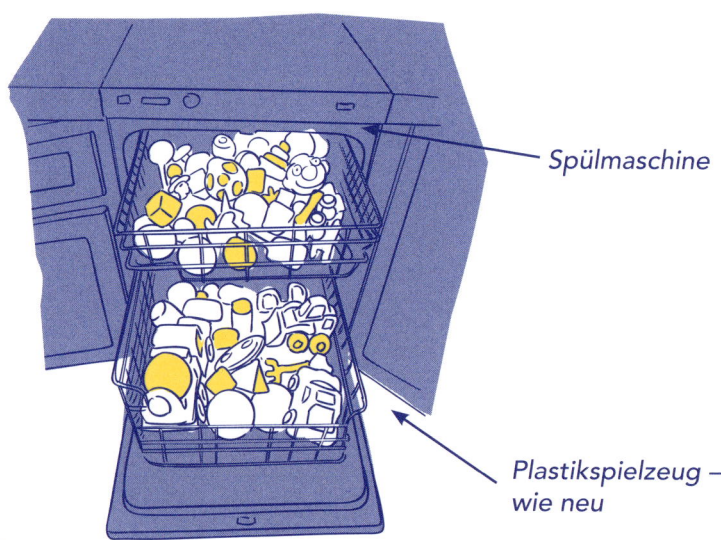

Spülmaschine

Plastikspielzeug – wie neu

BANANENFLECKEN-ENTFERNER

Als Sie noch keine Kinder hatten, waren Sie völlig ahnungslos, wie schwierig es ist, Bananenflecken aus Stoff zu entfernen. Wird Ihre Kleidung mit Banane verschmiert, handeln Sie schnell, bevor der Klecks braun wird und sich festsetzt. Tun Sie Folgendes:

Kratzen Sie als Erstes überschüssige Banane mit einem Löffel oder Messer ab und spülen Sie die Stelle mit kaltem Wasser. Reiben Sie als Nächstes flüssiges Waschmittel in den Bereich ein und lassen Sie es einige Minuten einwirken, bevor Sie es mit heißem Wasser durch die Rückseite des Flecks hindurch auswaschen, sodass der Bananenfleck herausgespült wird. Behandeln Sie die Stelle nun mit Fleckentferner und waschen Sie dann das Kleidungsstück in der Waschmaschine. Und denken Sie in Zukunft daran, Ihren Laborkittel zu tragen (s. S. 15).

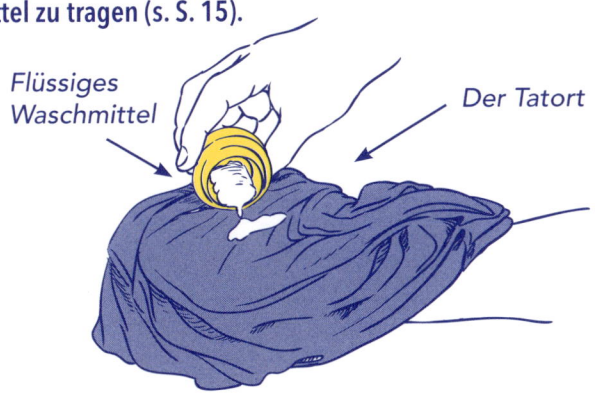

Flüssiges
Waschmittel

Der Tatort

KAUGUMMI-ENTFERNER

Kaugummi auf Kleidung ist eine hässliche Angelegenheit. Sie kennen das Szenario: Sie oder Ihr geliebtes Kind setzen sich auf einen Platz im Bus oder Zug, nur um festzustellen, dass jemand sein Kaugummi an den Sitz gepappt hat, der nun an Ihnen klebt. Doch schon erscheint ein Hack am Horizont …

Ziehen Sie direkt nach Ihrer Ankunft zu Hause das Kaugummi-Kleidungsstück aus und legen Sie es ins Gefrierfach. Lassen Sie es etwa eine Stunde darin, bis der Kaugummi steinhart ist, und knibbeln Sie ihn dann einfach ab.

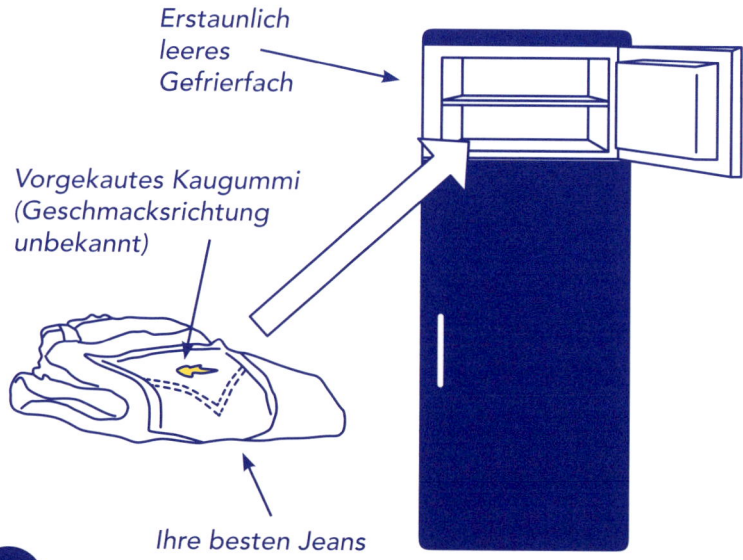

Erstaunlich leeres Gefrierfach

Vorgekautes Kaugummi (Geschmacksrichtung unbekannt)

Ihre besten Jeans

BABYKACKAFLECKEN ENTFERNEN

Fleckige Baby-Bodys sind der Fluch zahlreicher frischgebackener Eltern – und wie bei Bananenflecken, ist auch hier schnelles Reagieren angesagt. Ziehen Sie das Kleidungsstück aus und spülen Sie es unter warmem Wasser durch, um so viel Babykacka wie möglich zu entfernen. Stecken Sie es dann mit einem kinderhautfreundlichen Fleckentferner in einen heißen Waschgang. Die Flecken sollten verschwinden – wenn nicht, versuchen Sie, den Body zu bleichen, indem Sie ihn in die pralle Sonne hängen.

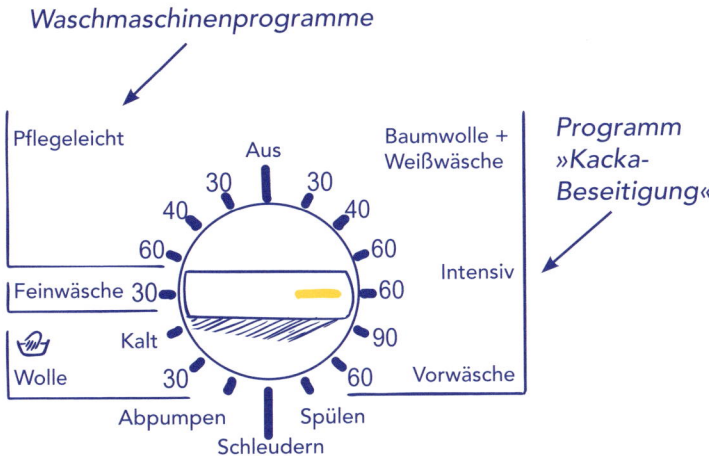

Waschmaschinenprogramme

Pflegeleicht

Baumwolle + Weißwäsche

Programm »Kacka-Beseitigung«

Aus

Intensiv

Feinwäsche

Vorwäsche

Wolle

Kalt

Abpumpen   Spülen

Schleudern

30 30 40 40 60 60 30 60 90 30 60

BEERENFLECKEN-ENTFERNER

Toll, wenn Ihr Kind Beeren mag, doch die Schmiererei, die diese saftige Leckerei oft verursacht, kann abschrecken. Das sollte jedoch kein Grund sein, Ihrem Kind diesen gesunden Snack vorzuenthalten, denn hier ist ein einfacher Hack zum Entfernen der Flecken – Sie müssen noch nicht mal sofort handeln!

Ziehen Sie Ihrem Kind das Kleidungsstück aus, kratzen Sie überschüssiges Beerengeschmier ab und bedecken Sie die Stelle mit Salz. Das Salz zieht den Saft heraus. Lassen Sie es eine Stunde lang einwirken und reiben Sie es ab, bevor Sie die Kleidung in die Waschmaschine stecken und mit kinderhautfreundlichem Fleckentferner waschen.

Beeren, die Ärger machen

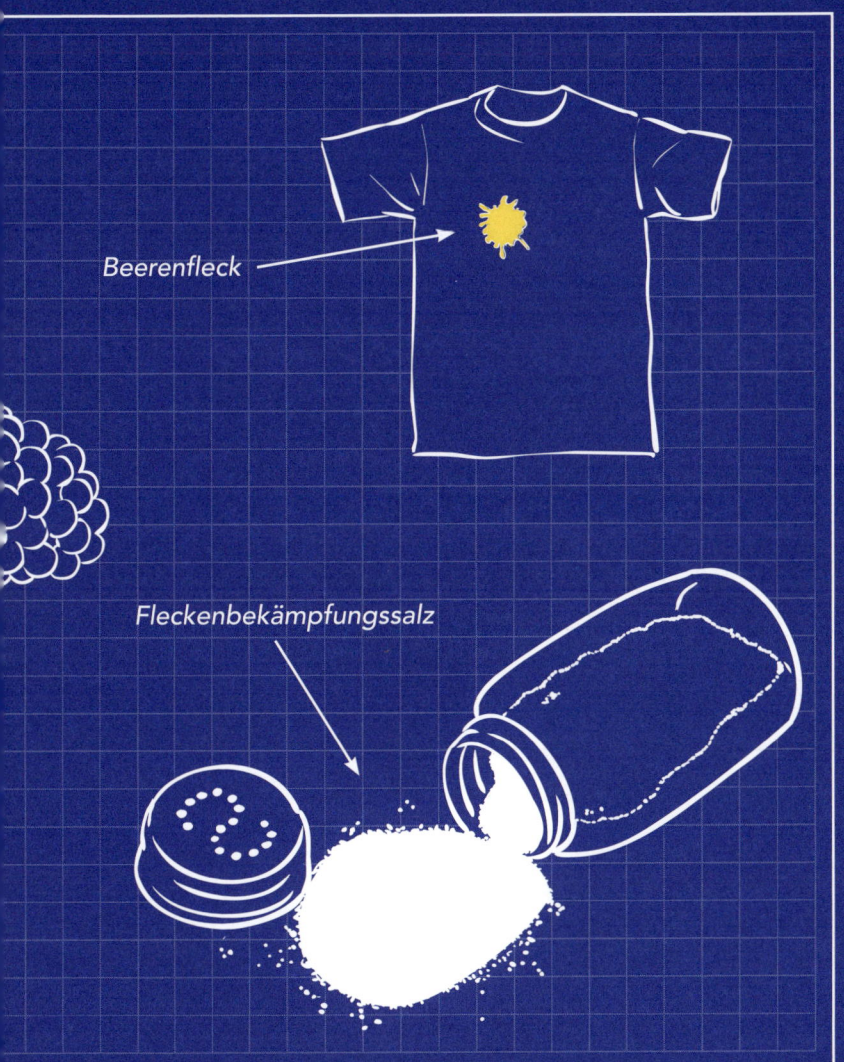

Beerenfleck

Fleckenbekämpfungssalz

63

PERMANENTMARKER ENTFERNEN

Sollte Ihr Kind durch eine grausame Fügung des Schicksals irgendwie einen Permanentmarker in die Finger bekommen und damit Ihre unbezahlbaren Möbel »kreativ behandelt« haben, seien Sie unbesorgt!

Verteilen Sie Zahnpasta – die einfache weiße Sorte – auf dem Fleck. Lassen Sie sie zehn Minuten einwirken und reiben Sie sie dann mit einem feuchten Tuch wieder ab. Die Permanenttinte sollte dann verschwinden. Verwenden Sie bei Teppichen weißen Essig und bei Kleidung Handdesinfektionsgel. Und kaufen Sie Ihrem kleinen Picasso lieber Kreide oder wasserlösliche Stifte.

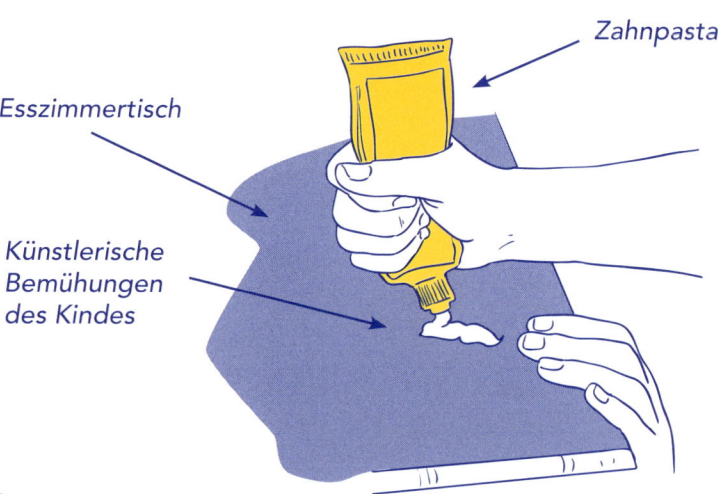

Zahnpasta

Esszimmertisch

Künstlerische Bemühungen des Kindes

ERBROCHENES ENTFERNEN

Das können Sie tun, wenn Ihr Kind sich auf den Teppich oder die Möbel übergeben hat (es funktioniert auch bei Erwachsenen; allerdings sollten die es besser wissen).

Streuen Sie Haushaltsnatron oder Backpulver über die Stelle. Das Pulver nimmt das Erbrochene mitsamt dem Geruch auf und kann anschließend mit dem Staubsauger aufgesaugt werden. Behandeln Sie hartnäckige Flecken mit mehr Natron und etwas weißem Essig; Letzterer reagiert mit dem Natron und zieht den Fleck heraus.

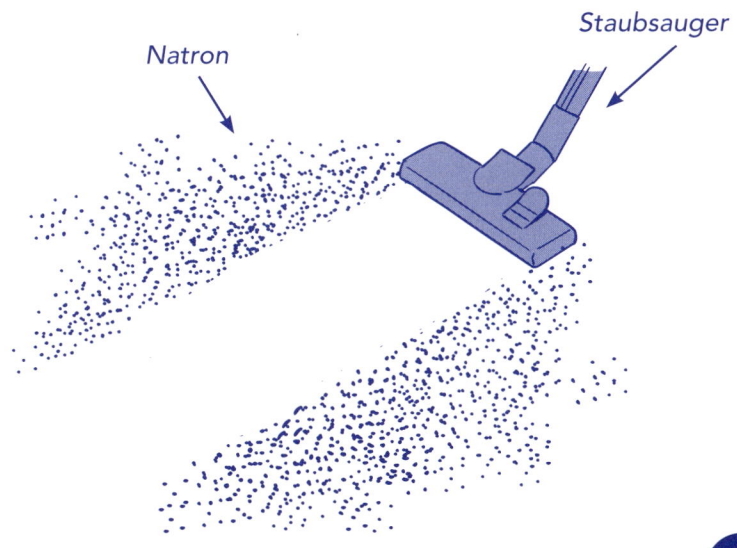

Natron

Staubsauger

PIPIFLECKEN UND -GERUCH ENTFERNEN

Kleine nächtliche Pannen kommen nicht selten vor, wenn Ihr Kind allmählich lernt, ohne Windel zurechtzukommen. Hier ein einfacher, sicherer Hack, um Urinflecken und -geruch zu entfernen.

Mischen Sie 230 ml Wasserstoffperoxid-Lösung (3 %), erhältlich in der Apotheke oder im Baumarkt, drei Esslöffel Natron und einige Tropfen Geschirrspülmittel. Füllen Sie die Lösung in eine Sprühflasche, schütteln Sie sie und besprühen Sie den Fleck sofort nach dem Schütteln. Innerhalb von zehn Minuten wird er verschwinden. Etwaige Pulverreste können abgesaugt oder abgebürstet werden. Entsorgen Sie die Restflüssigkeit, denn die aktiven Bestandteile sind nach kurzer Zeit nicht mehr wirksam.

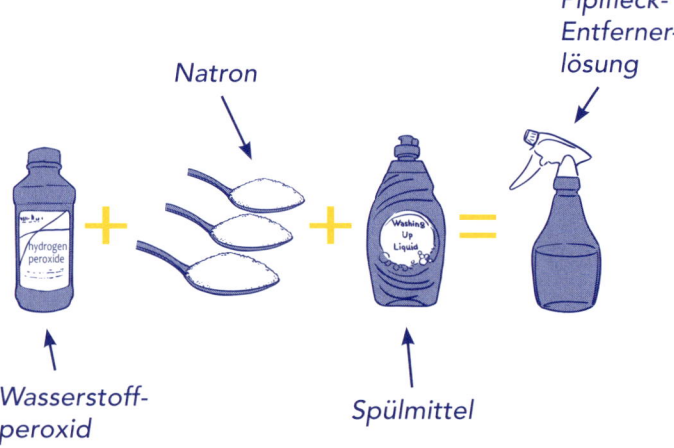

Natron

Pipifleck-Entferner-lösung

Wasserstoff-peroxid

Spülmittel

BABYSOCKENRETTUNG

Socken scheinen sich in der Wäsche oft in Luft aufzulösen – eines der großen Mysterien des Lebens. Welche Hoffnung gibt es also für die Socken und andere kleine Anziehsachen Ihres Babys?

Damit dieser Unfug ein Ende hat, sollten Sie in einen Netzbeutel investieren. Füllen Sie die Socken Ihres Babys hinein, stecken Sie den Beutel in die Waschmaschine und wie durch Zauberei wird beim Herausnehmen des Beutels immer noch dieselbe Anzahl Socken da sein. Noch besser: Geben Sie jedem Familienmitglied einen eigenen Netzbeutel. Nie wieder Socken sortieren!

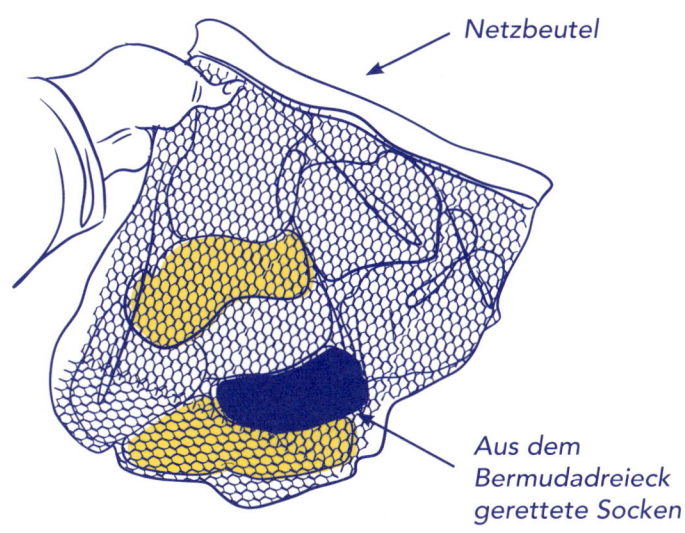

Netzbeutel

Aus dem Bermudadreieck gerettete Socken

GRASFLECKEN ENTFERNEN

Wenn Ihr Kind abenteuerlustig ist, dürften Ihnen Grasflecken ein Begriff sein. Hier eine praktische Methode, mit ihnen fertig zu werden.

Nehmen Sie eine Tasse Wasser, eine Tasse Salmiakgeist (erhältlich im Baumarkt), eine Tasse Waschmittel und eine Tasse weißen Essig. Füllen Sie alles in eine Sprühflasche und schütteln Sie sie. Besprühen Sie den störenden Fleck und reiben Sie alles sofort wieder ab. Waschen Sie die Kleidung ganz normal, um jeglichen Salmiakgeist daraus zu entfernen, bevor Ihr Kind sie wieder trägt.

Sprüh-
flasche

Hose mit
Grasflecken

69

AUFRÄUMEN UND AUFBEWAHREN

Wenn Ihr Haus vor lauter Spielzeug überquillt und Sie noch nicht einmal ein Bad nehmen können, ohne dass sich diverse Plastiktiere mit in die Wanne drängeln, oder wenn Sie einmal zu oft über die abgelegten Gummistiefel Ihres Kindes gestolpert sind, dann ist dieses Kapitel für Sie.

KLETTBAND-STOFFTIER-HALTER

Panda, Häschen und Bär haben nun ein Alter erreicht, in dem sie zwar immer noch liebenswert sind, aber eher Platz wegnehmen und vor sich hin stauben. Ihr Kind wird nicht zulassen, dass Sie sie wegwerfen, also brauchen Sie eine Methode, sie ordentlich aufzubewahren. »Geht das denn?«, fragen Sie. Ja, das geht!

Befestigen Sie ein Klettband an der Wand (die raue Seite mit den »Haken« nach vorne) und »kleben« Sie dann die Stofftiere daran. So bequem an der Wand aufgehängt, sehen Panda, Häschen und Bär richtig ordentlich aus – unglaublich!

Lieblingsstofftiere

Klettband

SPIELZEUGAUFBEWAHRUNG 1

Sieht das Kinderzimmer aus, als wäre eine Spielzeugbombe darin explodiert? Ist ein Punkt erreicht, an dem so viele Kuscheltiere im Bett liegen, dass Ihr Kind keinen Platz mehr zum Schlafen hat? Verhindern Sie, dass es später ein Messie wird, und bringen Sie mit folgenden einfachen Schritten Ordnung in die Spielsachen.

Besorgen Sie sich eine Sitzsackhülle (oder fertigen Sie selbst eine an, wenn Sie gerne nähen), füllen Sie abends die Schmusetiere (nur die weichen) hinein und schließen Sie den Reißverschluss. Nun haben Sie ein ordentliches Zimmer und einen weichen Sitzsack, auf dem Sie beim Lesen der Gutenachtgeschichte sitzen können.

Große Sitzsackhülle

Geliebte Kuscheltiere

SPIELZEUG-AUFBEWAHRUNG 2

Dies ist eine ähnliche Idee wie der Kuscheltiersitzsack auf S. 72, nur etwas preiswerter und stilvoller.

Nehmen Sie einen großen Kissenbezug, schneiden Sie ein Viereck aus der Vorderseite aus und ersetzen Sie es durch einen dünnen, durchsichtigen Stoff oder ein Netz. Stopfen Sie die Lieblingsstofftiere Ihres Kindes hinein. So wird es zu einer tragbaren Stofftieraufbewahrung für Autofahrten und Ferien.

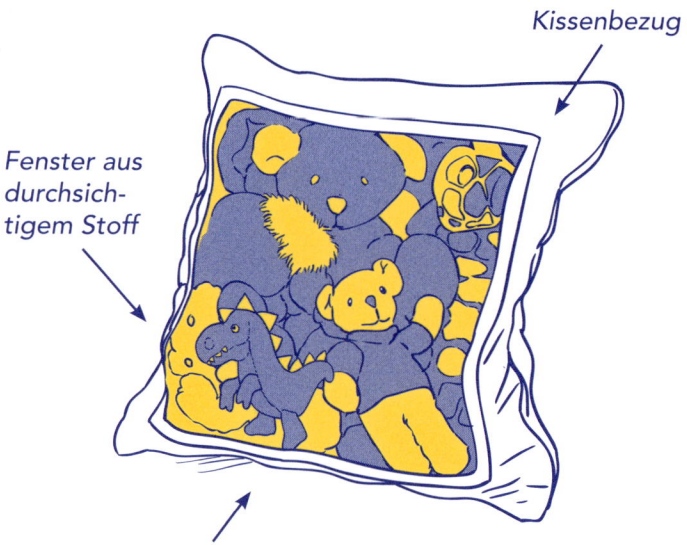

Kissenbezug

Fenster aus durchsichtigem Stoff

Kuscheltiere, sicher verstaut

SPIELZEUG-AUFBEWAHRUNG 3

Hier ein weiterer Trick, wie Sie verhindern können, dass Kinderspielzeug den Boden zu Hause in einen Hindernisparcours verwandelt.

Erstehen Sie einige Wandhängekörbe und befestigen Sie sie an der Wand, niedrig genug, dass Ihr Kind sie zum Wegräumen von Spielzeug benutzen kann. Machen Sie es zu einem Spiel, die Körbe jeden Abend zu füllen.

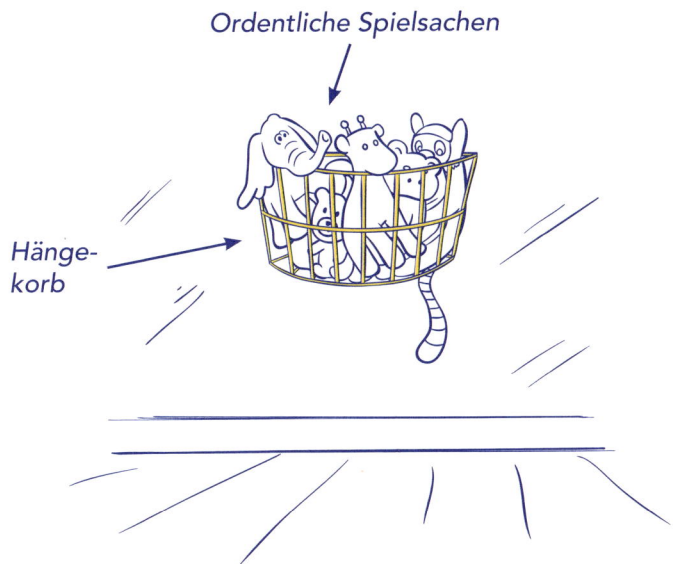

Ordentliche Spielsachen

Hänge-korb

SPIELZEUG-AUFBEWAHRUNG 4

Hier ein brillanter Aufbewahrungstrick bei Platzmangel.

Bringen Sie einen Schuhhänger an der Kinderzimmertür an. Auch hier können Sie wieder ein Spiel daraus machen, die Spielsachen in der Schuhaufhängung »ins Bett zu bringen«, was besonders bei Kuscheltieren sehr niedlich aussieht.

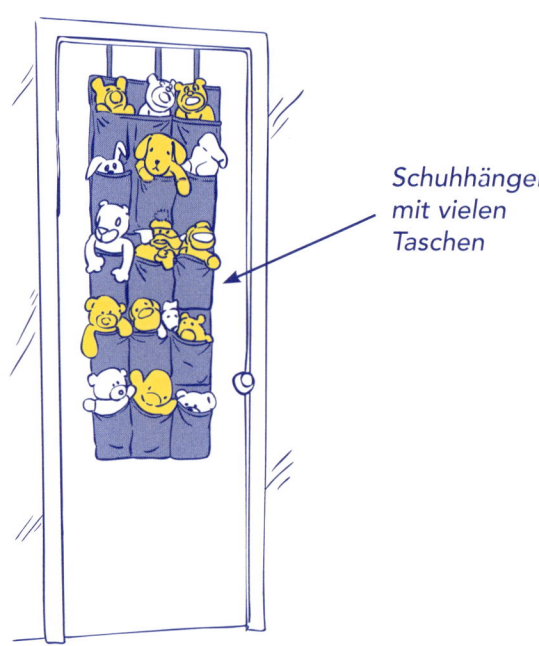

Schuhhänger mit vielen Taschen

SPIELZEUG-AUFBEWAHRUNG 5

Wenn Ihr Spielzeugaufbewahrungsproblem nach den bisherigen Hacks immer noch fortbesteht, sollten Sie ernsthaft darüber nachdenken, einige Spielsachen für einen guten Zweck zu spenden – oder wollen Sie ein Spielzeugmuseum eröffnen?! Falls Sie trotzdem noch nach Lösungen suchen, versuchen Sie es einmal mit dieser:

Befestigen Sie Haken an der Kinderzimmerwand und hängen Sie kleine Wäschekörbe daran, um weiteren Stauraum zu schaffen. Nehmen Sie den Korb einfach vom Haken, wenn Ihr Kind das Spielzeug benutzen will.

Originelle Haken

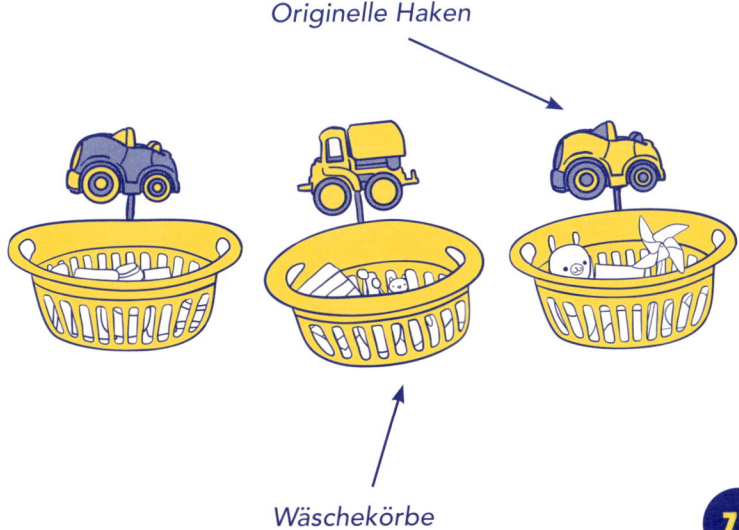

Wäschekörbe

SPIELZEUGAUFBEWAHRUNG 6

Dieser Hack ist möglicherweise ein bisschen teurer als die vorhergehenden Lösungen zur Spielzeugaufbewahrung, hat jedoch den Extra-Wow-Faktor von Magneten!

Um die Spielzeugautosammlung Ihres Kindes in Ordnung zu halten (und Ihren Füßen etwas Gutes zu tun), versuchen Sie es einmal damit: Bringen Sie einige magnetische Messerleisten an der Wand an und hängen Sie die Autos daran – das sieht auch sensationell aus!

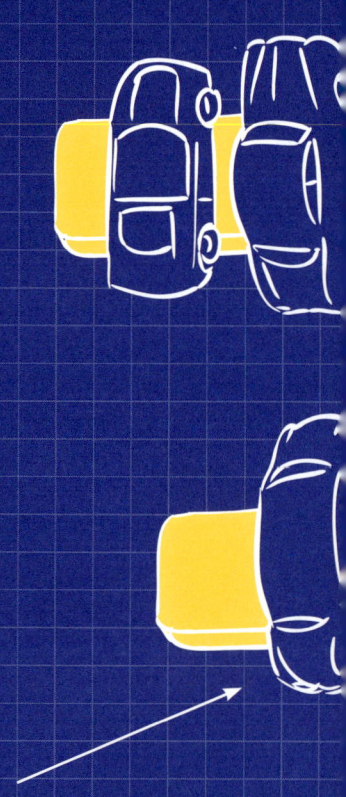

Spielzeugautos

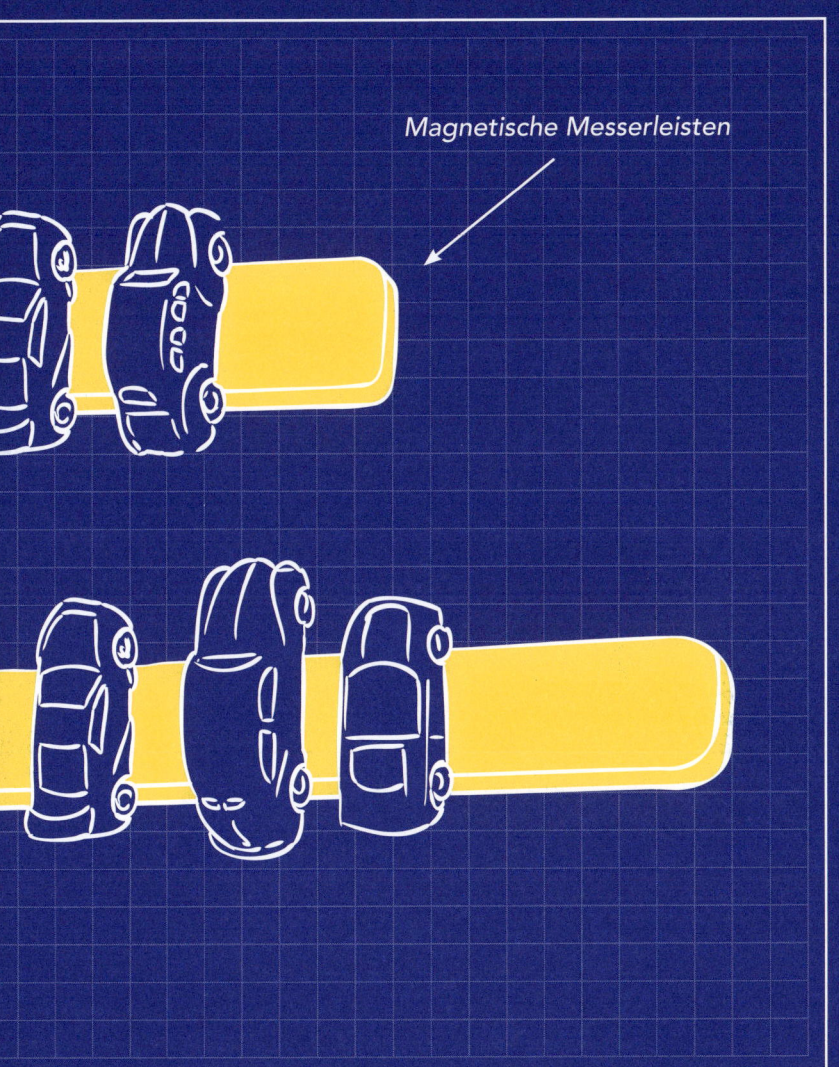

Magnetische Messerleisten

SCHUHREGAL-HACK

Kinder schleudern gerne ihre Schuhe einfach irgendwohin, wenn sie nach Hause kommen, und räumen sie nicht weg. Um solchen Stolperfallen vorzubeugen und Ihren Kindern gute Angewohnheiten beizubringen, versuchen Sie es einmal mit diesem Hack:

Befestigen Sie einfach im Flur in Bodennähe einige Kleiderhaken an der Wand und bringen Sie Ihren Kindern bei, ihre Schuhe nach dem Ausziehen daran aufzuhängen. Ganz leicht!

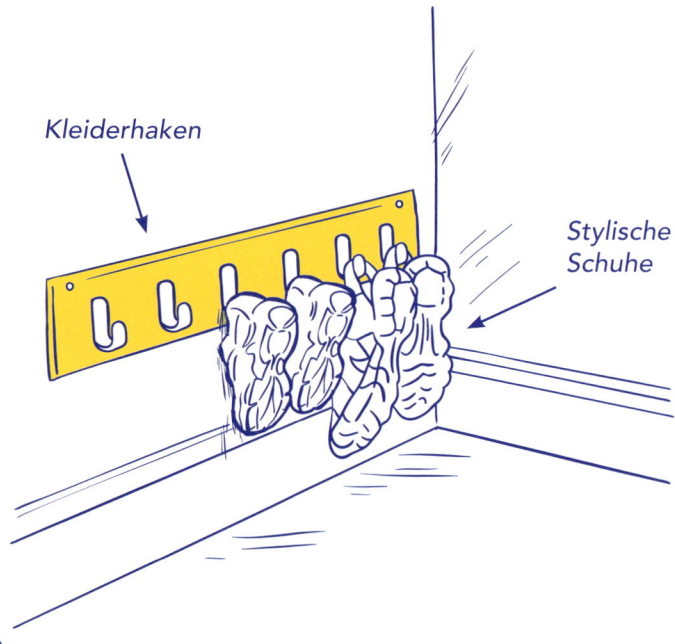

Kleiderhaken

Stylische Schuhe

FLIPPIGE SCHUH-AUFBEWAHRUNG

Hier ein Schuhhalter für experimentierfreudigere Eltern.

So erhalten Sie ein unkonventionelles Schuhregal. Stellen Sie eine Holzpalette hochkant auf, befestigen Sie sie sicher an der Wand und lassen Sie dann die Kinder ihre Schuhe in die Zwischenräume schieben. Jedes Kind könnte seine eigene Ablage im Regal haben, die seiner Körpergröße entspricht: das älteste Kind im oberen Spalt usw.

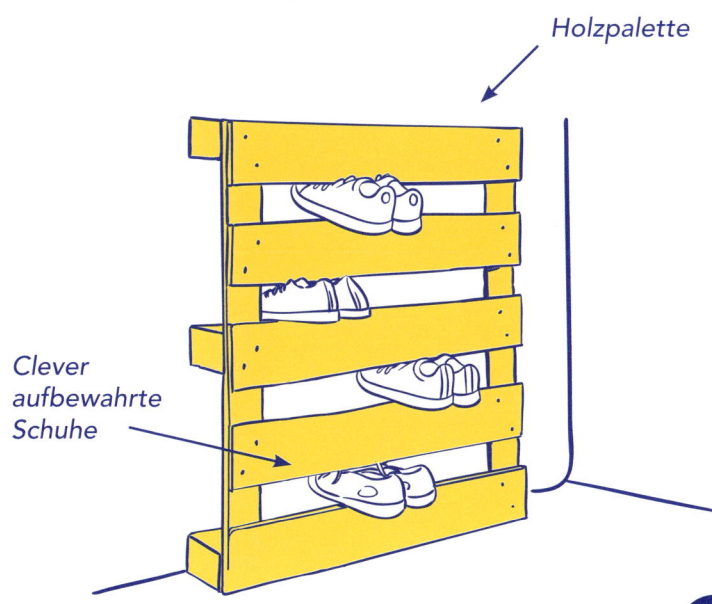

Holzpalette

Clever
aufbewahrte
Schuhe

WEINREGAL WIRD ZU SCHUHREGAL

Ein Weinregal – die große Variante aus Holz mit kleinen Fächern – ist eine wunderbare Aufbewahrungslösung für kleine Dinge, die leicht verloren gehen können, wie Kinderschuhe, Mützen, Handschuhe und Schwimmbrillen. Dann nutzen wir es doch einfach dafür!

Stellen Sie das Regal in den Flur und fordern Sie die Kinder auf, ihre Dinge in die Fächer einzusortieren, damit sie sicher aufbewahrt und leicht zugänglich sind. Denken Sie nur daran: Es ist für die Kids und nicht für Ihren Wein!

Umfunktioniertes Weinregal

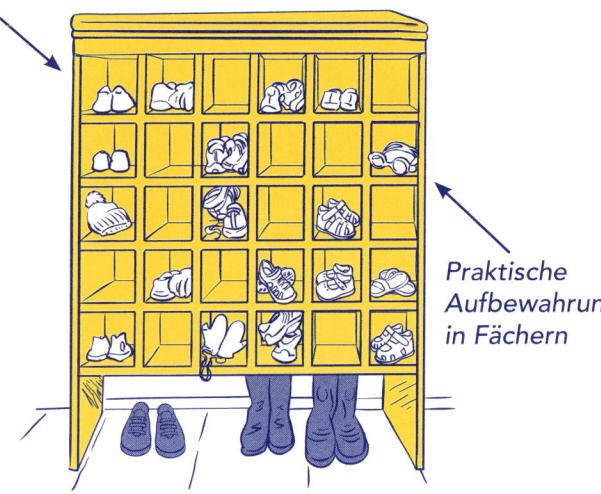

Praktische Aufbewahrung in Fächern

KLEIDUNG SMART VERSTAUEN

Es ist gut, wenn Kinder selbst ihre Kleidung heraussuchen. Weniger lustig ist es, wenn sie den Kommodeninhalt auf den Boden werfen, nur um ihr Lieblings-T-Shirt zu finden. Dieser Hack bewahrt Sie vor stundenlangem Falten und Wiedereinräumen – und Ihre Kinder finden jederzeit ihr Lieblingstop.

Legen Sie die gefalteten Kleidungsstücke so in die Schublade, dass sie aufrecht stehen, statt flach übereinander zu liegen, sodass alle Teile auf einen Blick erkennbar sind. Gewusst, wie!

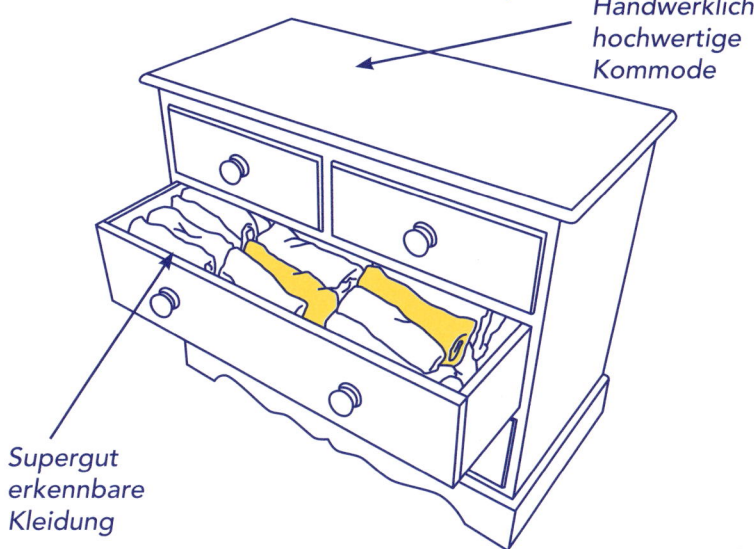

Handwerklich hochwertige Kommode

Supergut erkennbare Kleidung

STIFTEHALTER

Hier ein preiswerter Hack, um die Buntstifte Ihres Kindes zu sortieren und zu verstauen.

Bewahren Sie sie in Plastikflaschen (wie z. B. für Flüssigwaschmittel) auf! Spülen Sie die Flaschen, schneiden Sie auf drei Seiten den unteren Teil weg und befestigen Sie sie mit Schrauben oder starkem Kleber an der Wand über dem Schreibtisch Ihres Kindes.

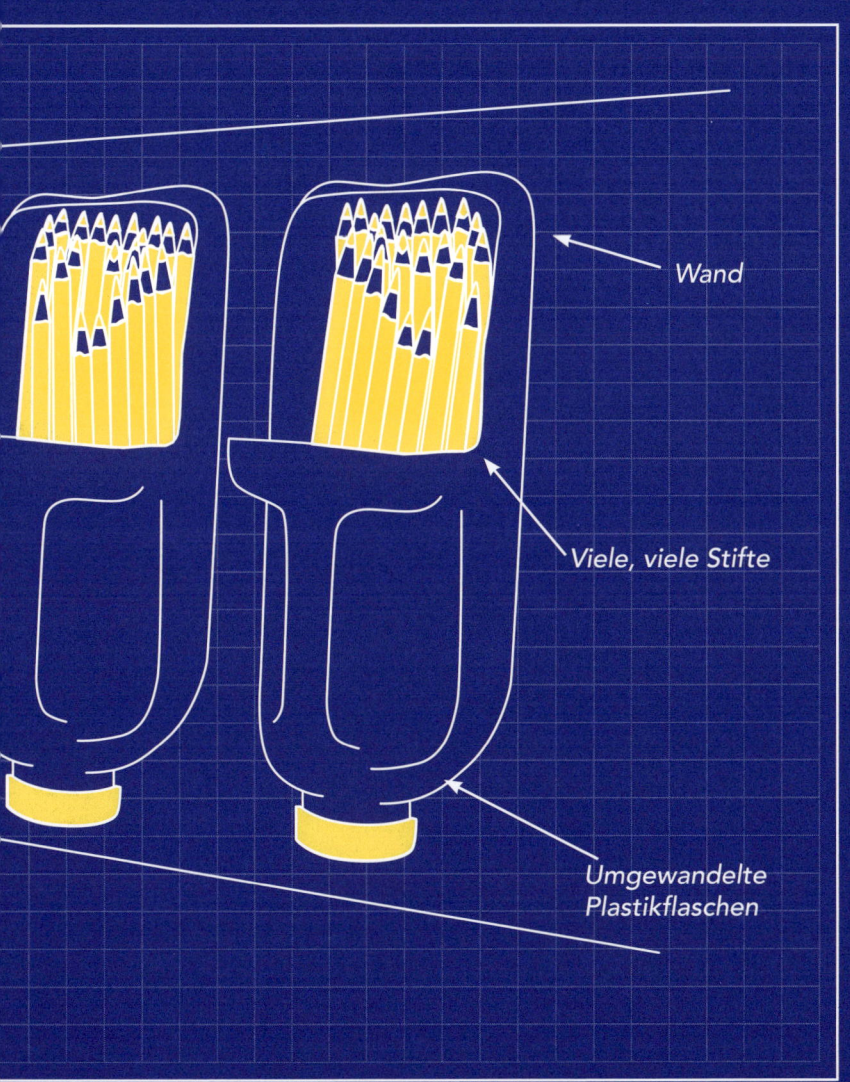

Wand

Viele, viele Stifte

Umgewandelte
Plastikflaschen

KUNSTWERKSICHERUNG

Kinder produzieren offenbar eine Unmenge »Kunstwerke«, aber wo soll man sie unterbringen, wenn die Kühlschranktür großzügig bedeckt ist? So können Sie die Meisterwerke Ihrer Kinder verstauen, ohne dass sie zerknittern und beschädigt werden.

Schneiden Sie einfach eine Toilettenpapprolle längs auf und wickeln Sie sie um die aufgerollten Kunstwerke. So bleibt das Papier ordentlich und knitterfrei. Verstauen Sie das Kunstwerk dann an einem sicheren Ort, z. B. in einem großen Plastikbehälter mit Deckel.

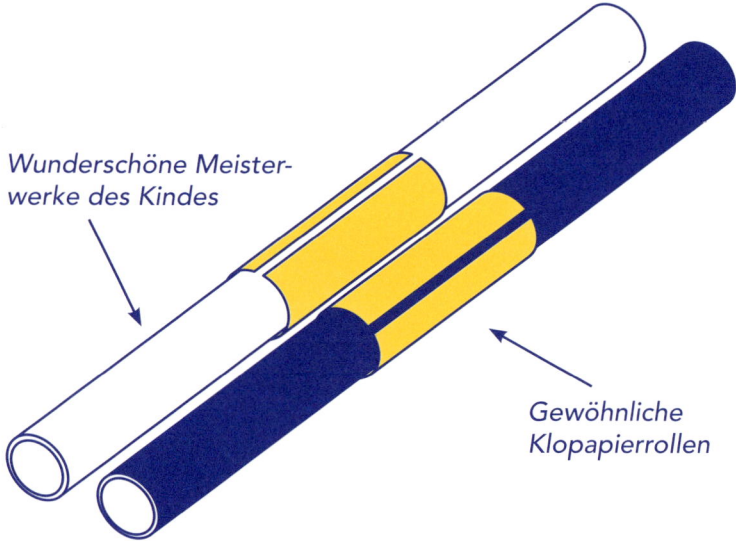

Wunderschöne Meisterwerke des Kindes

Gewöhnliche Klopapierrollen

AUFBEWAHRUNG FÜR BADESPIELZEUG

Mit der Zeit sammeln Kinder eine Menge Badespielsachen an, doch wohin damit nach dem Baden? Sie strategisch auf die Ecken der Badewanne zu legen bedeutet, dass kein Platz für Shampoo bleibt, und es kann auch ein bisschen unordentlich aussehen. Dieser einfache Hack sorgt dafür, dass sie ordentlich verstaut werden und für Ihr Kind beim Planschen griffbereit sind.

Befestigen Sie eine Duschvorhangstange sicher an der Längsseite der Badewanne und hängen Sie dann Plastikkörbe mit Duschvorhanghaken daran. Füllen Sie die Gummitiere Ihrer Kinder in die Körbe. So können sie auch an der Luft trocknen und schimmeln nicht.

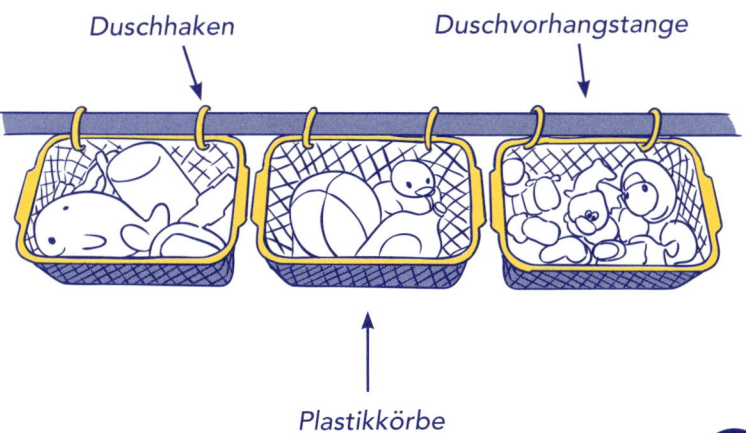

Duschhaken

Duschvorhangstange

Plastikkörbe

87

GESCHENKPAPIER-HACK

Wenn Sie Kinder haben, ist Geschenkpapier eine regelmäßige Anschaffung. Aber wie oft haben Sie schon nach Geschenkpapier gesucht, nur um es verknittert und unbenutzbar vorzufinden? Dieser Hack sorgt dafür, dass Ihr Geschenkpapier immer tipptopp ist, wenn Sie es brauchen.

Verstauen Sie Ihre Geschenkpapierrollen in einem Kleidersack und hängen Sie ihn an die Garderobe oder in den Schrank. So sind sie ordentlich aufbewahrt, bis sie gebraucht werden.

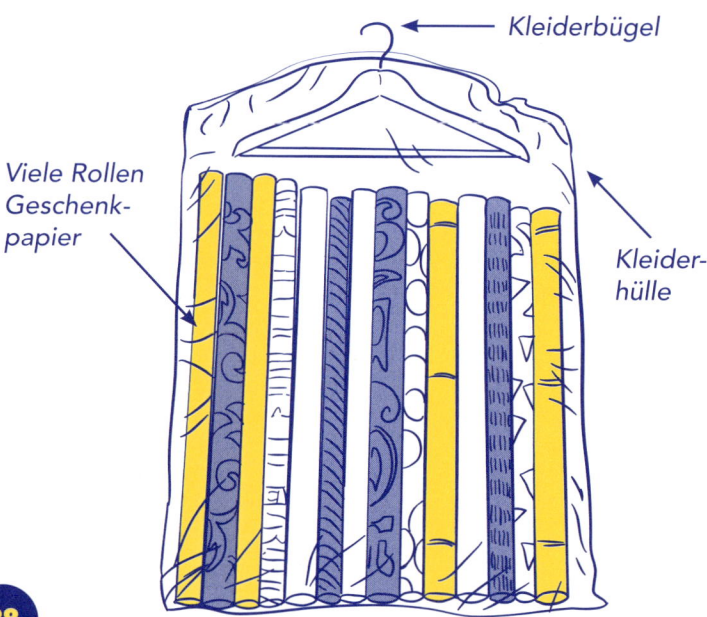

Kleiderbügel

Viele Rollen Geschenkpapier

Kleiderhülle

SCHRANKERWEITERUNG

Wenn man Kinder hat, ist Platz im Schrank gewöhnlich Mangelware und es kann verlockend sein, die besten Kleider der Kinder zusammengefaltet in Schubladen zu verstauen, statt mit ihrem überquellenden Schrank zu kämpfen. Aber überstürzen Sie nichts: Dieser erstaunlich einfache Hack verdoppelt die Aufnahmekapazität Ihres Schranks.

Bewahren Sie die Aufreißringe von Getränkedosen auf, ziehen Sie sie jeweils über den Haken eines Kleiderbügels bis zum Ansatz des Hakens. So haben Sie einen extra Ring kreiert, an dem Sie einen weiteren Kleiderbügel aufhängen können. Toll!

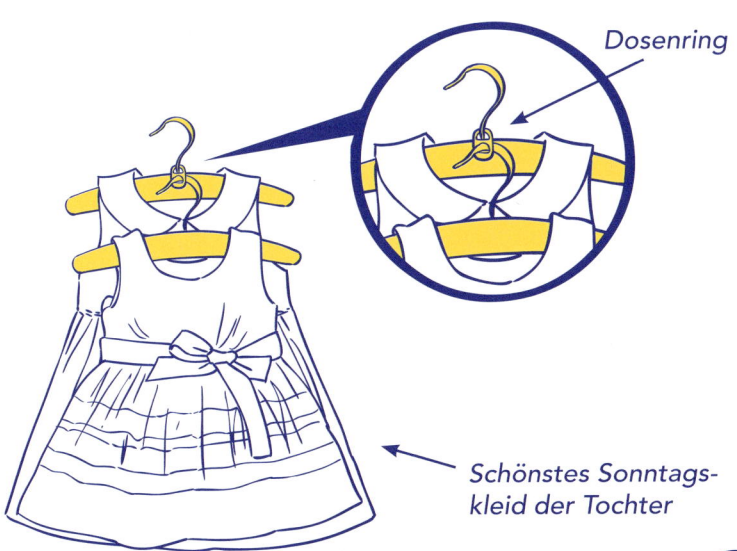

Dosenring

Schönstes Sonntagskleid der Tochter

SCHUHKARTON-AUFBEWAHRUNG

Hier eine Lösung, die Aufbewahrung zu einem Kinderspiel macht. Werfen Sie alte Schuhkartons nicht weg, sondern verwenden Sie sie als Raumteiler in den Kleiderschubladen Ihrer Kinder.

Bemalen Sie die Kartons oder schlagen Sie sie in buntes Geschenk- oder Schrankpapier ein. Sortieren Sie dann den Kleinkram des Kindes, die Unterhosen, Socken, T-Shirts, Shorts etc. ein, legen Sie die Deckel wieder auf und schließen Sie die Schublade. So einfach war Ordnung noch nie!

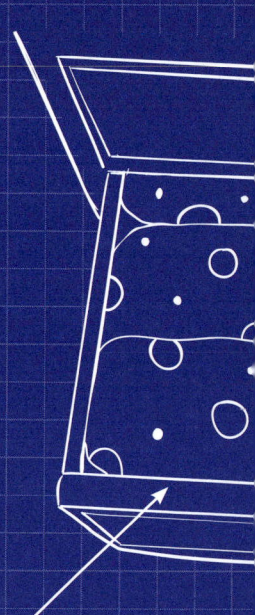

Umfunktionierte Schuhkartons

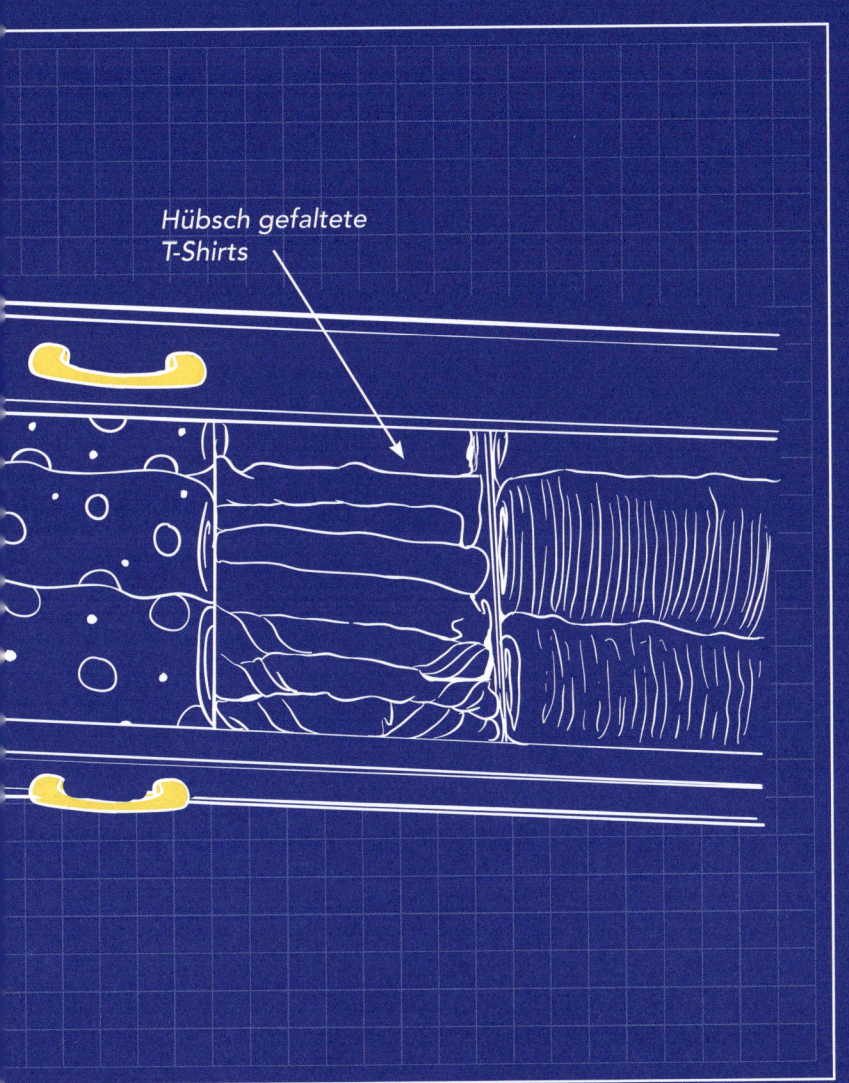

Hübsch gefaltete
T-Shirts

HAARGUMMI-HALTER

Wenn Ihr Kind lange Haare hat, finden Sie irgendwann unweigerlich in jeder Ecke herumliegende Haargummis. Ein Päckchen enthält hunderte und innerhalb weniger Stunden sind sie überall verstreut, manche auf Nimmerwiedersehen verschwunden. Doch Life Hacks hat eine Lösung!

Suchen Sie Ihren örtlichen Outdoorladen oder Baumarkt auf und erstehen Sie – preiswert natürlich – einen Karabinerhaken. Ziehen Sie alle verstreuten Haargummis darauf und lassen Sie den Karabinerhaken zuschnappen. Jetzt sind sie alle gebündelt und griffbereit – ideal für die morgendliche Hektik.

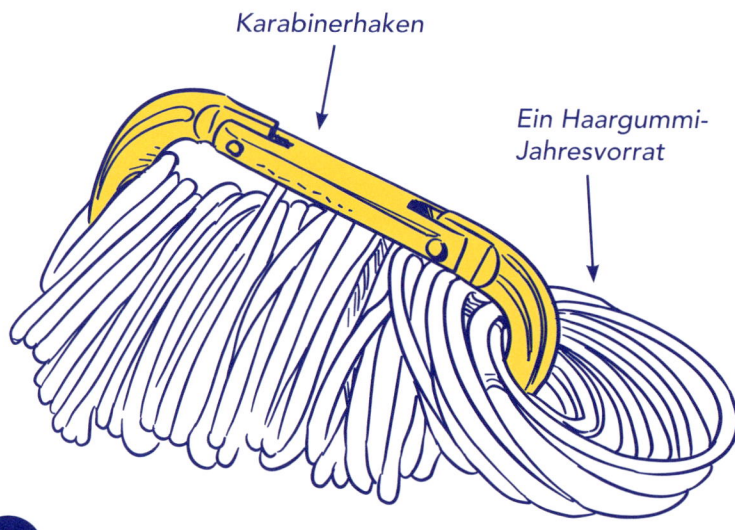

Karabinerhaken

Ein Haargummi-Jahresvorrat

SELBSTKLEBENDE FERNBEDIENUNG

Sind auch für Sie TV-Fernbedienung und Gamecontroller immer wieder unauffindbar? Mit diesem Hack gehört die Sucherei danach der Vergangenheit an.

Suchen Sie einen Platz zum Aufbewahren der Controller und Fernbedienungen aus (die Seite des TV-Schranks oder eine vergleichbare Fläche) und verwenden Sie Klettband, um sie dort zu befestigen. Nun brauchen Sie nur noch daran zu denken, sie nach Gebrauch wieder zurückzuhängen (es sei denn, Sie haben ein Kind mit einer Vorliebe fürs Verstecken von Fernbedienungen – dann ist Ihnen nicht zu helfen).

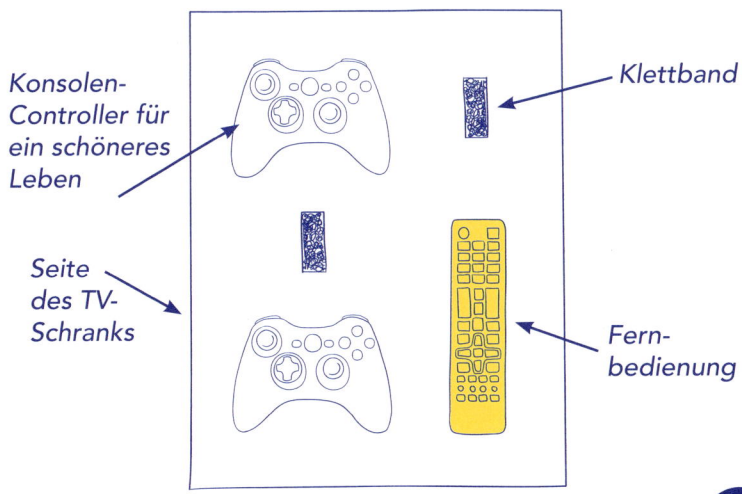

Konsolen-Controller für ein schöneres Leben

Klettband

Seite des TV-Schranks

Fern-bedienung

ESSEN UND TRINKEN

Diese »geschmack«-volle Hack-Sammlung sorgt dafür, dass Sie immer ein Lätzchen fürs Baby parat haben, dass Ihre Sprudelgetränke sprudelnd bleiben und ein Eis am Stiel nicht mehr gleichbedeutend ist mit klebrigen Händen. Es gibt sogar ein paar gerissene Methoden, wie Sie Ihr Kind dazu bringen, mehr Obst und Gemüse zu essen!

LÄTZCHEN STETS ZUR HAND

Wie kommt es, dass Sie nie ein sauberes Lätzchen finden, wenn Sie eins brauchen? Dieser Hack ist die Antwort.

Wenn Sie einen einfachen Haken an der Rückseite des Babystuhls anbringen, können Sie die Lätzchen aufhängen und sie sind jederzeit einsatzbereit. Besorgen Sie sich einige Haken zum Aufkleben und Ihnen wird bei den Mahlzeiten nie mehr ein Lätzchen fehlen.

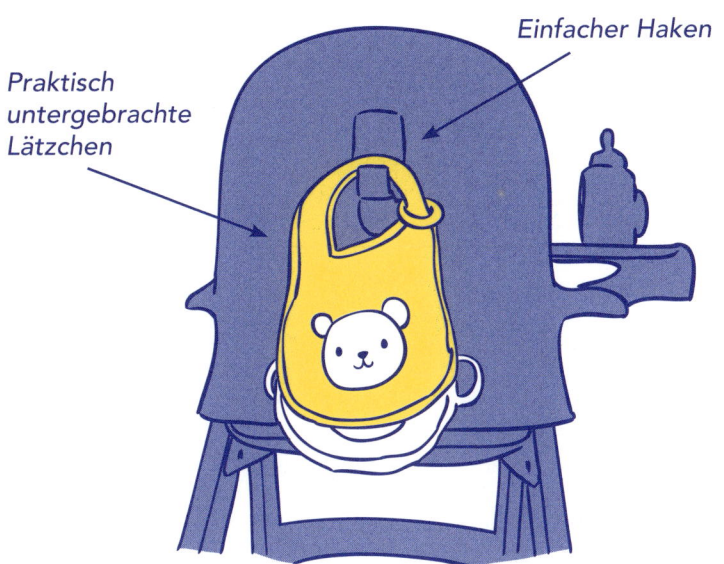

Einfacher Haken

Praktisch untergebrachte Lätzchen

BABYNAHRUNGSWÜRFEL

Mit diesem Hack wird der Start mit Beikost leichter und erzeugt weniger Müll.

Babys essen winzige Portionen, wenn sie auf feste Nahrung umgestellt werden. Statt also für jede Mahlzeit neu zu kochen, nur um das meiste davon wieder wegzuwerfen, bereiten Sie pürierte Obst- und Gemüseportionen vor und frieren Sie sie in Eiswürfelbehältern ein. Füllen Sie sie nach dem Einfrieren um in Gefrierbeutel (schreiben Sie das Datum des Einfrierens darauf) und tauen Sie bei Bedarf einen oder zwei Würfel auf.[*]

[*] Entsorgen Sie die gefrorene Babynahrung nach einem Monat.

Gut zerdrückter Brokkoli

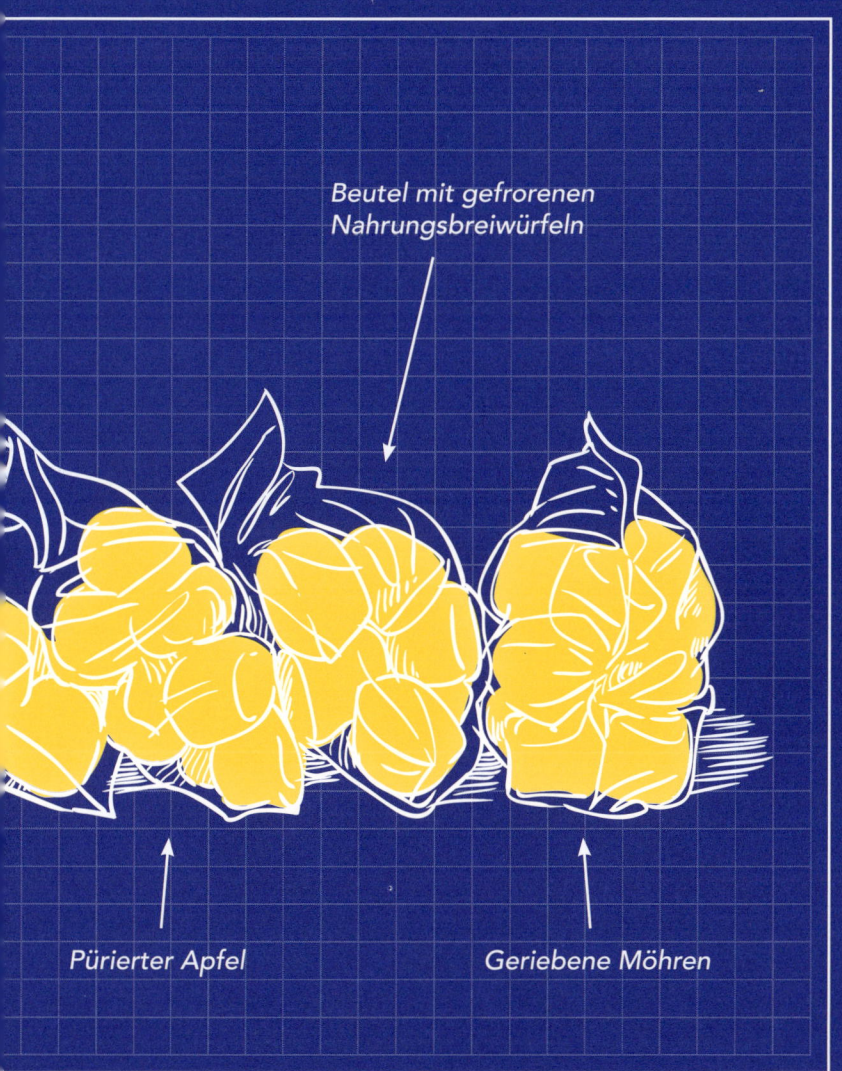

Beutel mit gefrorenen
Nahrungsbreiwürfeln

Pürierter Apfel

Geriebene Möhren

EISWÜRFELBEHÄLTER MIT SNACKS

Tun Ihre Kinder beim Anblick eines liebevoll zubereiteten Tellers mit Obst und Gemüse so, als wollten Sie sie vergiften? Wenn ja, könnte dieser Hack die Antwort auf Ihre Gebete sein.

Versuchen Sie es einmal damit, verschiedene mundgerechte Happen in einen Eiswürfelbehälter zu legen und es zu einem Spiel zu machen, welcher gegessen wird. Das macht gesunde Snacks auf magische Weise anziehender und eignet sich perfekt für pingelige Kinder, die ihre Snacks getrennt halten wollen.

Wunderbare Weintrauben

Bombastische Blaubeeren

Das wohl besser nicht essen

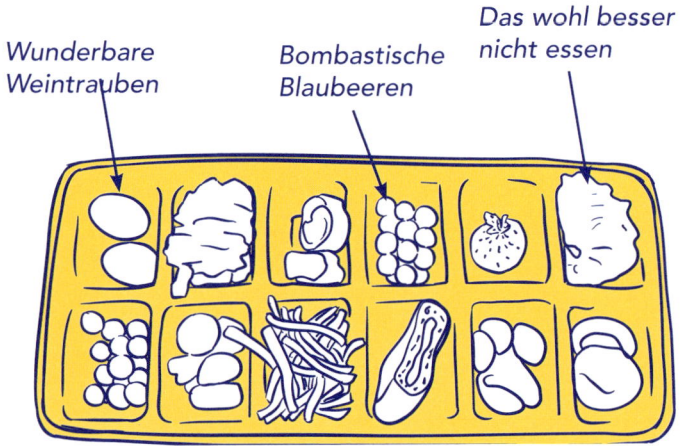

FRISCHHALTE-FLASCHENKRAGEN

Wenn Sie eine geöffnete Tüte mit Lebensmitteln, wie Knabberzeug oder Nudeln, luftdicht verschließen müssen, ist dieser Hack von unschätzbarem Wert.

Schneiden Sie das obere Drittel einer kleinen Plastikflasche ab, um einen »Kragen« zu kreieren. Schieben Sie den oberen Teil der geöffneten Tüte durch den Flaschenhals. Jetzt komm's: Schlagen Sie die Enden der Packung über den Flaschenhals nach außen um und drehen Sie den Deckel wieder zu, um das Ganze luftdicht zu versiegeln. Genial, oder?!

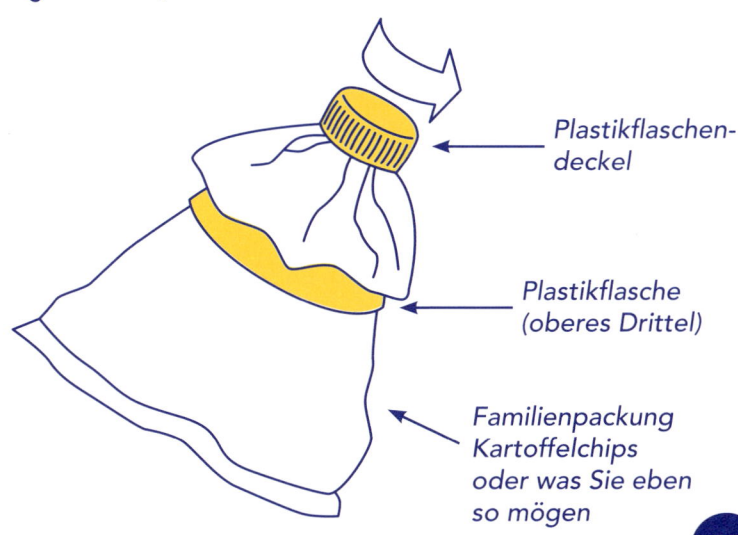

Plastikflaschendeckel

Plastikflasche (oberes Drittel)

Familienpackung Kartoffelchips oder was Sie eben so mögen

HINTERHÄLTIGE SMOOTHIES

Es kann mühsam sein, Ihr Kind dazu zu bewegen, seine tägliche Obst- oder Gemüseration zu essen. So gelingt es:

Bereiten Sie einen supergesunden Smoothie zu. Nehmen Sie jegliches Obst oder Gemüse, das Sie vorrätig haben. Streuen Sie bunte Zuckerstreusel darüber und stecken Sie Strohhalme hinein, dann sieht es aus wie das leckerste Getränk aller Zeiten.

Sehr gesunder Smoothie

Tarnung (bunte Streusel)

APFELSCHNITZE-TRICK

Es ist erstaunlich, wie viel besser Äpfel einem Kind schmecken, wenn sie in Scheiben oder Spalten geschnitten sind. Nutzen Sie das aus, damit Ihr Kind seine tägliche Obstration isst:

Schneiden Sie einen Apfel in Teile und halten Sie die Spalten mit einem Gummiband sicher zusammen. Das verhindert, dass sie braun werden (niemand mag braune Äpfel). Legen Sie das Ganze in die Lunchbox Ihres Kindes oder nehmen Sie es mit, wenn Sie unterwegs sind. Flitschen Sie das Gummiband ab und Sie haben frische Apfelschnitze zur Hand. Funktioniert auch gut bei großen Kindern.

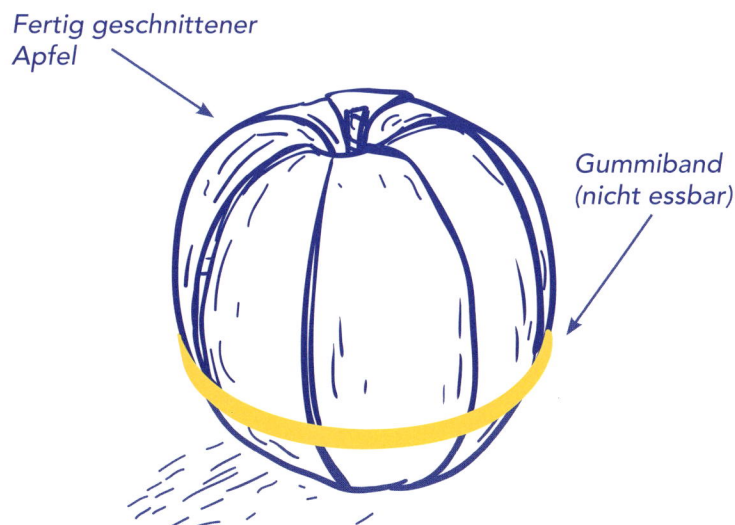

Fertig geschnittener Apfel

Gummiband (nicht essbar)

TRAUBEN-EISWÜRFEL

Wollen Sie ein Getränk an einem heißen Tag sofort kühlen, es aber nicht mit Eiswürfeln verwässern, dann frieren Sie einige Weintrauben ein und geben Sie sie in Ihr Glas. Wenn die Trauben auftauen, schmelzen Sie nicht und Ihr Getränk wird nicht verwässert.*

* Wenn Sie einem Kind unter fünf Jahren Trauben geben, halbieren Sie sie (von oben nach unten), denn sie stellen ein Erstickungsrisiko dar.

Perfekt gekühlter gepresster Orangensaft

Gefrorene Trauben

BLEIB SPRUDELIG!

Abgestandene Sprudelgetränke – so etwas kommt auf jeder Kinderparty einer Katastrophe gleich. Hier eine Methode, das Sprudelglück zu verlängern, vorausgesetzt, Sie haben sich für die Plastikflaschenversion des Lieblingsgetränks entschieden.

Drücken Sie die Luft aus der angebrochenen Flasche heraus, sodass die Flüssigkeit fast den oberen Rand erreicht. Schrauben Sie sie wieder zu. So können die »Sprudelgase« nirgendwohin entweichen und Ihr Drink bleibt prickelnd. Es funktioniert mit großen und kleinen Flaschen – mit Glasflaschen eher nicht.

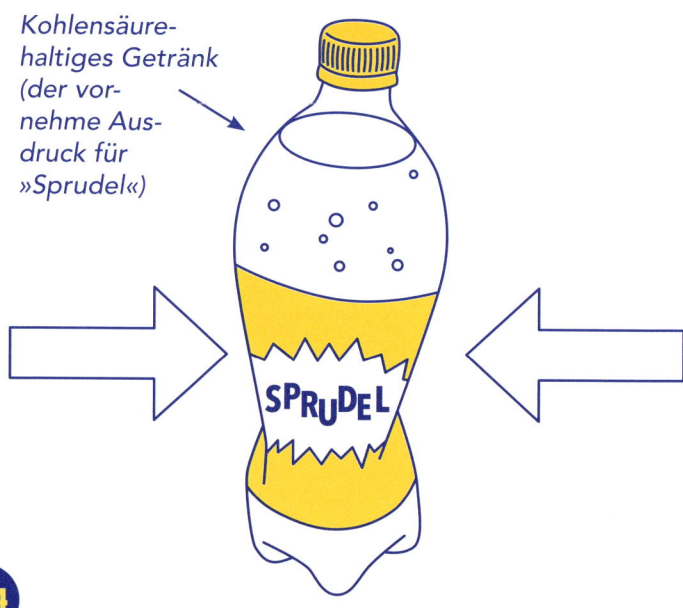

Kohlensäure-
haltiges Getränk
(der vor-
nehme Aus-
druck für
»Sprudel«)

SPRUDEL

DIE PORTIONSGRÖSSE ERMITTELN

Beim Füttern von Kindern ist es schwierig auszutüfteln, wie viel man ihnen gibt. Wenn sie sagen, sie seien satt, obwohl der Teller noch ziemlich voll ist, macht man sich vielleicht Sorgen. Mit diesem Hack können Sie gut einschätzen, welche Menge Ihr Kind braucht.

Ihr Magen ist etwa so groß wie Ihre geballte Faust – vergleichen Sie das mit der Portion aus der Imbissbude, die Sie vorhin hinuntergeschlungen haben. Bitten Sie Ihr Kind, die Faust zu ballen, und Sie werden sehen, dass es keine Riesenportion braucht. Versuchen Sie das bei der nächsten Mahlzeit; besser noch: Wenn Ihr Kind über drei Jahre alt ist, lassen Sie zu, dass es sich selbst auftut.*

* Unter Aufsicht, besonders, wenn das Essen heiß ist!

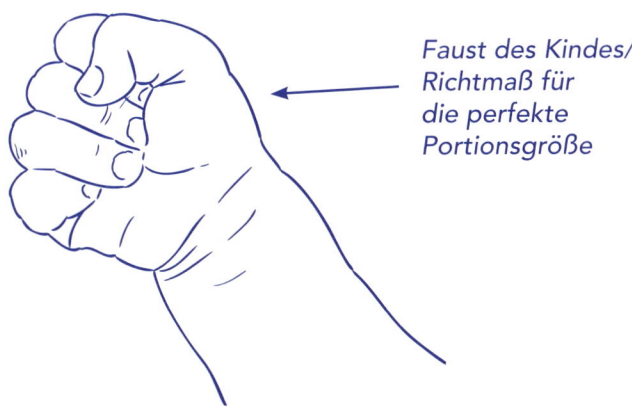

Faust des Kindes/
Richtmaß für
die perfekte
Portionsgröße

ERDBEERSPIESS

Hier ein Weg, wie Erdbeeren für Ihre Kinder noch leckerer aussehen:

Um eine Erdbeere vollständig zu entstielen (einschließlich des harten Teils unter dem Grün), schieben Sie einfach einen Strohhalm von der Erdbeerspitze bis zum Stielansatz durch sie hindurch. Das entfernt den unerwünschten Teil komplett.

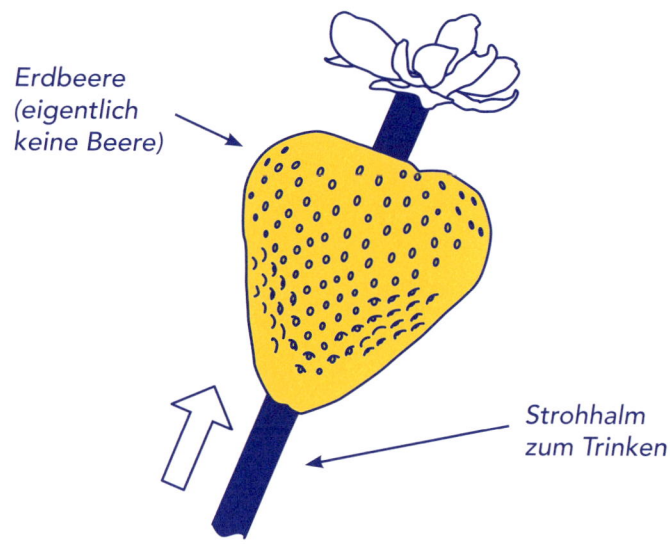

Erdbeere
(eigentlich
keine Beere)

Strohhalm
zum Trinken

TROPFENFÄNGER FÜR EIS AM STIEL

Tropfendes Eis ist ein Albtraum. Es tropft einfach überallhin – auf Hände, Kleider, Möbel und Haustiere. So können Sie das verhindern:

Ein Muffinförmchen aus Papier hilft Ihnen, dieses klebrige Dilemma heil zu überstehen. Stechen Sie den Eisstiel einfach durch die Mitte eines Muffinförmchens, um eine kleine Tasse zu kreieren, die die störenden Tropfen auffängt.

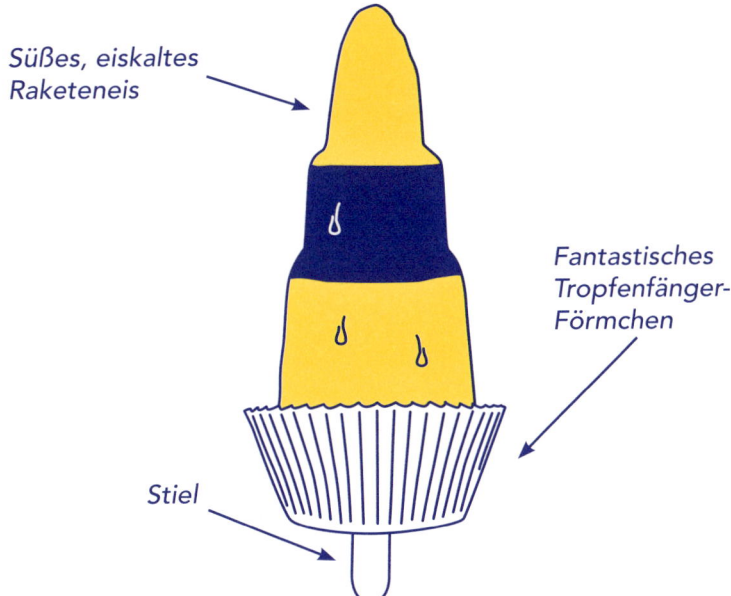

Süßes, eiskaltes Raketeneis

Fantastisches Tropfenfänger-Förmchen

Stiel

STROHHALMHALTER FÜR GETRÄNKEDOSEN

Einen Strohhalm in einer Getränkedose aufrechtzuhalten ist eine vertrackte Angelegenheit, besonders wenn der Strohhalm nach oben ploppt und das Getränk auf schöne, saubere Kleidung kleckert. Die folgende geniale Idee setzt dem ein Ende.

Drehen Sie einfach den Zugring der Dose um 180 Grad und schieben Sie den Strohhalm durch das Loch, um ihn an Ort und Stelle zu halten. Ganz einfach! Aber denken Sie daran: Softdrinks sollten eine leckere Ausnahme sein, denn sie sind nicht gut für die Zähne!

Sicher festgehaltener Strohhalm

Speziell angefertigter
Strohhalmhalter (gratis
an jeder Dose)

Herkömmliche
Getränkedose
(verschiedene
Marken
erhältlich)

UMFUNKTIONIERTE TÜTEN-CLIPS

Hier ein Hack zum Frischhalten trockener Snacks.

Verschlussklammern für Frischhaltebeutel gibt es zu kaufen. Doch warum Geld ausgeben, wenn Sie sie auch umsonst haben können? Streifen Sie die Clips von einem alten Hosenbügel und verwenden Sie sie zum Versiegeln, damit der Tüteninhalt frisch bleibt. Nun können Sie risikolos eine neue Tüte Chips öffnen, in dem Wissen, dass der Inhalt nicht in einem Rutsch aufgegessen werden muss.

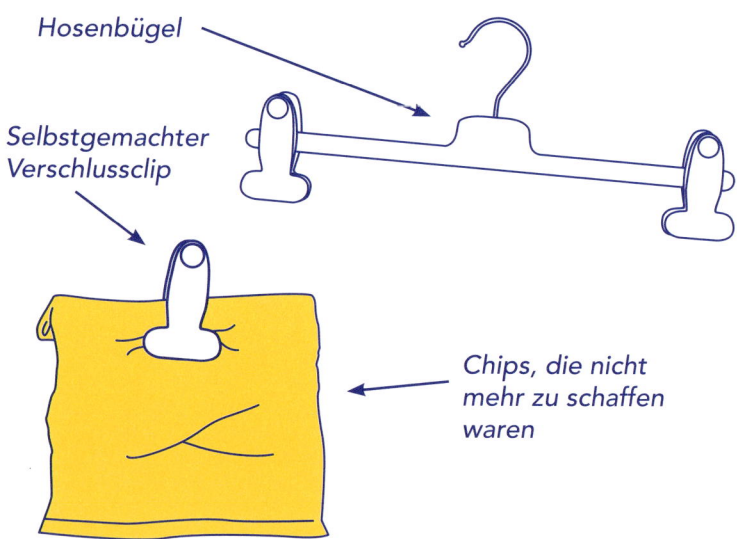

Hosenbügel

Selbstgemachter Verschlussclip

Chips, die nicht mehr zu schaffen waren

EIN WÄHLERISCHES KIND ZUM ESSEN MOTIVIEREN

Mit dem Essen spielen erwünscht! Dieser Hack bringt Spaß in die Mahlzeiten kapriziöser Esser.

Nächstes Mal, wenn Ihr Nachwuchs sich strikt weigert, auch nur einen Happen zu essen, holen Sie einen Würfel. Schlagen Sie vor, dass Ihr Kind würfelt und genauso viele Löffel isst, wie Punkte auf dem Würfel angezeigt werden. Wie ein unheilbarer Lottoloskäufer wird auch Ihr Kind der Chance auf einen großen Wurf nicht widerstehen können.

Würfel

Kind, das bereitwillig sein Gemüse verputzt

INSTANT-EISBECHER

Wenn der bevorzugte Nuss-Nougat-Aufstrich Ihres Kindes fast aufgebraucht ist, werfen Sie den Rest nicht weg – dieser Hack macht eine wunderbare Leckerei daraus.

Füllen Sie das fast leere Glas mit Eiscreme und kreieren Sie einen Instant-Eisbecher. Sie können sogar geschnittenes Obst, Schlagsahne und Kuchenstreusel hinzufügen. Wenn Sie großzügig sein wollen, geben Sie die leckere Life-Hacks-Köstlichkeit Ihrem kleinen Engel – oder Sie verstecken sich im Keller und schlagen sich selbst den Bauch voll. Es liegt bei Ihnen.

Supersüßes Eisbecher-Topping

Köstlicher Schoko-Nuss-Aufstrich

QUETSCHKARTON

Trinkpäckchen mit Saft sind zwar wirklich praktisch, aber kleine Hände könnten in Versuchung geraten, den Karton zu sehr zu quetschen und so eine Saftfontäne zu erzeugen, die unweigerlich Kleidung, Kissen, Möbel und Teppiche mit Flecken überzieht. Dieser Hack verringert das Risiko.

Ziehen Sie einfach auf jeder Seite des Kartons die Laschen nach oben und sorgen Sie dafür, dass Ihr Kind das Päckchen beim Trinken daran hält. So landet der Saft im Mund Ihres Kindes und nicht auf dem Fußboden.

Praktische Ecken zum Halten

Karton mit Obst- oder Gemüsesaft

INSEKTENSICHERE GETRÄNKEABDECKUNG

Niemand mag Insekten im Getränk und Kinder sind da keine Ausnahme. Glücklicherweise gibt es eine einfache Lösung für dieses Problem. Bei einer Geburtstagsparty oder einem Picknick können Sie den Saft Ihres Kindes vor durstigen Krabbeltieren schützen, indem Sie ein X in die Mitte eines Muffinförmchens schneiden und einen Strohhalm hindurchschieben. Voilà! Eine krabbeltiersichere Getränkeabdeckung. Ihre Kinder haben ein drolliges Getränk und Sie können beruhigt sein, dass die ungebetenen Gäste die Fliege machen.

Muffinförmchen
(unbenutzt)

*Insektenfreies
Getränk*

JOGHURTEIS-LOLLIS

So können Sie Joghurtessen zu einem Spaß für Ihre Kinder machen (und ihnen das nötige Kalzium verabreichen):

Stechen Sie mit einem Messer einen kleinen Schlitz in jeden Joghurtdeckel, schieben Sie einen Eisstiel hindurch und stellen Sie die Joghurtbecher (aufrecht!) ins Gefrierfach. Ziehen Sie, sobald sie gefroren sind, den Deckel ab und nehmen Sie die gefrorenen Joghurteis-Lollis heraus. Guten Appetit!

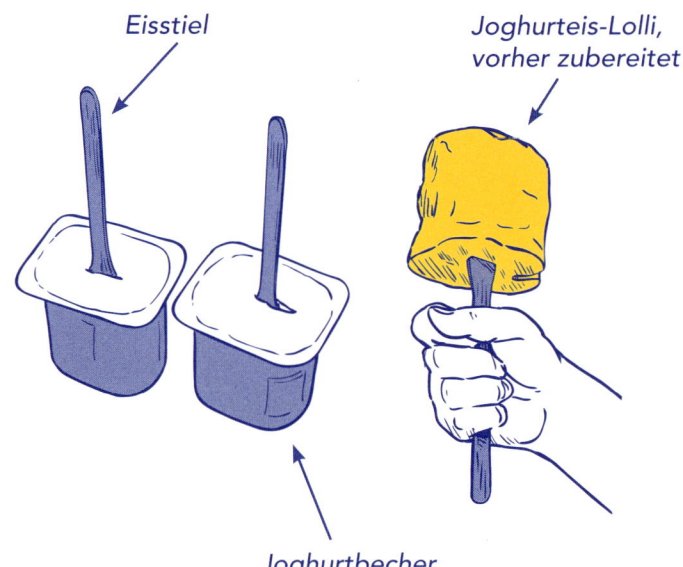

Eisstiel

Joghurteis-Lolli, vorher zubereitet

Joghurtbecher

PRAKTISCHER SCHNICK-SCHNACK

Sie werden sich fragen, wie Sie jemals ohne diese genialen Hacks leben konnten. Manchmal sind es die einfachsten Dinge, die alles verändern – wie zum Beispiel eine Zielscheibe in der Kloschüssel fürs Toilettentraining oder Klebeband an einem Nagelknipser, um die abgeschnittenen Schnipselchen aufzufangen. Lassen Sie sich erleuchten!

TOILETTENZIELSCHEIBE

Beim Pinkeltraining kann schon mal etwas danebengehen und bei kleinen Jungen (und auch manchen großen!) kann es Jahre dauern, bis sie ihr Ziel perfekt treffen. Dieser Hack wird ihre Treffgenauigkeit verbessern und Ihr Badezimmer etwas sauberer halten.

Machen Sie Pinkeln zu einem Sport und besorgen Sie eine WC-Zielscheibe zum Aufkleben*, bei der man Punkte erhält, wenn man ins Schwarze trifft. Kreieren Sie eine Tabelle und wenn Ihr Sohn eine bestimmte Punktzahl erreicht, hat er sich eine Belohnung verdient, zum Beispiel einen Ball oder ein Malbuch. Fröhliches Pieseln!

* online erhältlich

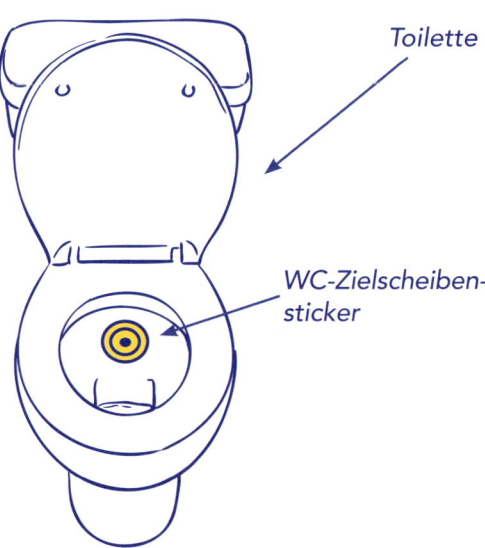

Toilette

WC-Zielscheiben-sticker

WASSERHAHN-VERLÄNGERUNG

Machen Sie Ihr Waschbecken leichter benutzbar für Ihr Kind, indem Sie eine leere Shampoo- oder Duschgelflasche einem neuen Zweck zuführen.

Entfernen Sie den Deckel und spülen Sie die Flasche aus. Schneiden Sie dann ein Loch in den Flaschenboden, groß genug, dass es über das Ende des Wasserhahns passt. Der Wasserstrahl ist nun in Reichweite kleiner Hände, sodass Sie Ihr Kind nicht mehr über das Waschbecken halten müssen.

Leere Shampoo-
flasche

Erreichbarer
Wasserstrahl

TOILETTENPAPIERSPARER

Verbrauchen Ihre Kinder gewöhnlich zu viel Toilettenpapier, wenn sie aufs Klo gehen? Hier ein kinderleichter Trick, damit das nicht mehr passiert.

Bringen Sie unterhalb der Toilettenrolle eine Markierung an der Wand an und sagen Sie Ihren Kindern, sie sollen das Toilettenpapier nicht weiter als bis zu dieser Markierung herunterziehen und dann abreißen. Keine verstopften Toiletten mehr!

Kostbare dreilagige Klorolle

Toilettenrollen-markierung

TRINKLERNBECHER-SICHERUNG

Babys und Kleinkinder finden es toll, Ihnen beim Aufheben von Dingen zuzusehen, besonders, wenn sie dabei in ihrem Hochstuhl thronen wie ein Mini-König. Allerdings ist ihr Trinklernbecher voller Keime, nachdem sie ihn auf den Boden geworfen haben. Tricksen Sie sie aus.

Basteln Sie für den Trinklernbecher eine Befestigung aus einem langen Stück Stoff, das gefaltet und zusammengenäht wird. Knoten Sie ein Ende an den Becher und das andere an einen Saugnapf. Befestigen Sie diesen dann an der Unterseite des Kinderstuhltabletts.

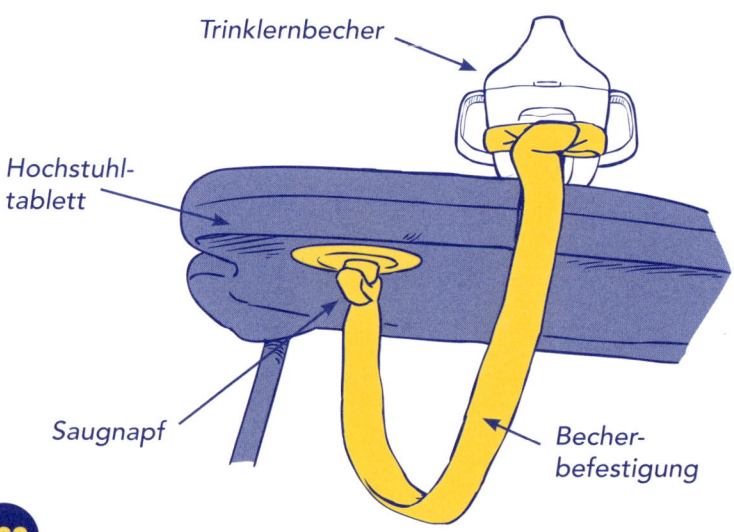

Trinklernbecher

Hochstuhl-tablett

Saugnapf

Becher-befestigung

ORDENTLICHE KLEINE NÄGEL

Abgeschnittene Zehen- oder Fingernägel können spitz sein, darum wollen Sie nicht, dass Ihr Baby oder Kleinkind versehentlich darauf tritt oder sie in den Mund nimmt. Mit diesem Hack gelingt das.

Wickeln Sie Klebeband um den Nagelknipser, sodass die Schnipsel hineinfallen und an der Klebefläche haften. Das ist besonders nützlich, wenn Sie Ihrem Kind nur im Schlaf die Nägel schneiden können, denn nun brauchen Sie nicht mehr um Ihr schlafendes Kind herumzukriechen in dem Versuch, die Schnipsel aufzusammeln, ohne es zu wecken.

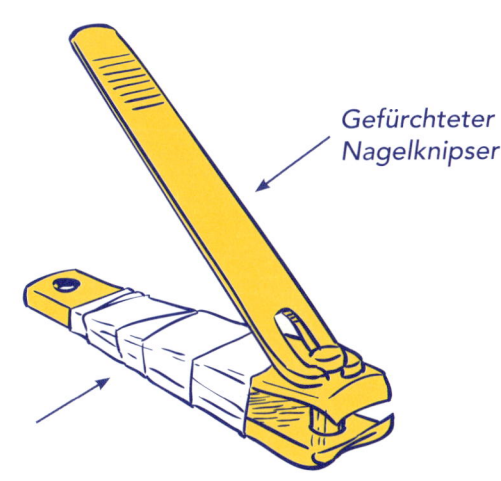

Gefürchteter Nagelknipser

Klebeband

VERSCHRAMMTE SCHUHE AUFFRISCHEN

Lederschuhe sind schneller verschrammt, als Ihr Kind aus ihnen herauswächst – doch je mehr Schrammen, desto mehr Spaß, nicht wahr? Dennoch können Sie dafür sorgen, dass die Schuhe annähernd neu aussehen, und zwar mit diesem Hack.

Durchforsten Sie die Malutensilien Ihres Kindes nach einem Wachsmalstift in der Farbe der Schuhe, wärmen Sie ihn kurz in den Händen an und färben Sie damit die verkratzten Stellen nach – erledigt!

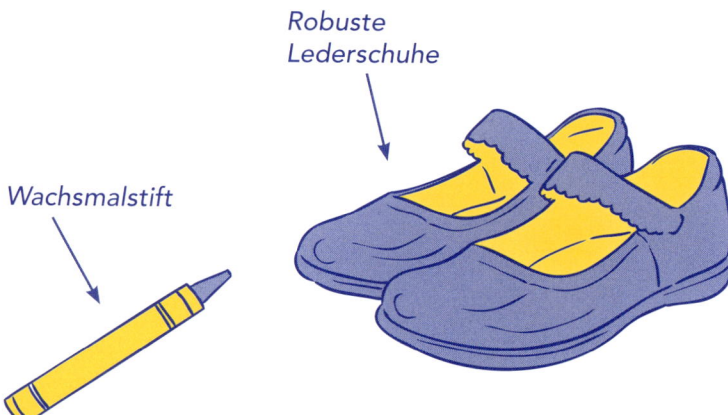

Robuste
Lederschuhe

Wachsmalstift

KLEINKRAM WIEDERFINDEN

Wohin verschwinden all die kleinen Legosteine, Perlen und Schräubchen, wenn sie herunterfallen? Ich sage es Ihnen: Sie sind noch da! Sie sind nur zu blind, um sie zu sehen. Mit diesem Trick erhalten Sie sie zurück.

Wenn Ihnen ein Kleinteil herunterfällt und Sie es nicht finden können, greifen Sie sich Ihren Staubsauger und eine alte Feinstrumpfhose. Stülpen Sie die Strumpfhose über das Saugrohr und fixieren Sie sie mit einem Gummiband. Saugen Sie dort, wo Sie das Kleinteil vermuten, und mit ein wenig Glück wird es auf die Strumpfhose gesaugt, wo Sie es mühelos abpflücken können.

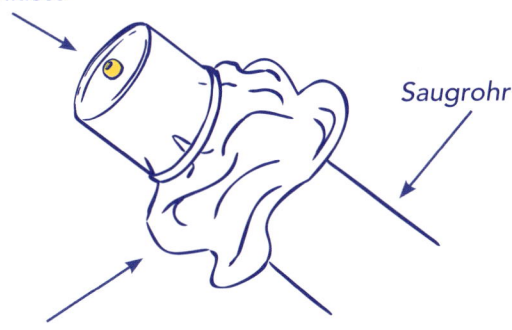

Ausreißer-Perle aus der Bastelkiste

Saugrohr

Alte Strumpf-hose

DER RICHTIGE SCHUH AM RICHTIGEN FUSS

Vertauschte Schuhe an den Füßen sind nicht nur unbequem, sondern können Ihr Kind ins Stolpern bringen. Mit dieser Methode bekommt Ihr Kind es immer richtig hin.

Besorgen Sie sich einen Aufkleber mit Bild und schneiden Sie ihn in zwei Hälften. Kleben Sie dann die linke Stickerhälfte auf die Innensohle des linken Schuhs, sodass er an die rechte Kante stößt; und dann die rechte Hälfte auf die Innensohle des rechten Schuhs, aber an die linke Kante. Um die Schuhe richtig zuzuordnen, braucht Ihr Kind nur noch die beiden Stickerhälften zu einem Bild zusammenzufügen. Für Kinder mögen Schuhe zwar langweilig sein, aber Sticker sind super!

Sport-schuhe

Großer Aufkleber mit Bild, durchgeschnitten

SCHREIBLERNÜBUNG

Bringen Sie Ihrem Kind bei, einen Stift richtig zu halten – mithilfe eines Haar- oder Gummibands.

Ziehen Sie das Gummi- oder Haarband über das Handgelenk des Kindes und drehen Sie es zu einer Schlaufe. Schieben Sie dann den Füller oder Bleistift hindurch, sodass das Kind ihn zwischen Daumen und Zeigefinger halten kann. So wird der Stift in die ideale Schreibhaltung gebracht.

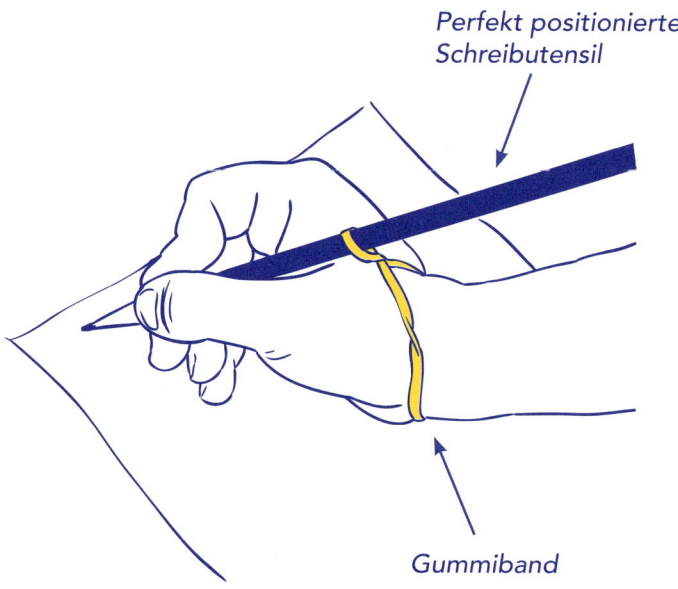

Perfekt positioniertes Schreibutensil

Gummiband

RUTSCHFESTER KINDERTELLER

Minimieren Sie das Risiko von rutschenden Schüsseln oder Tellern auf dem Kinderstuhltablett mit diesem kinderleichten Trick.

Befeuchten Sie ein Papiertuch, legen Sie es auf das Tablett und stellen Sie das Kindergeschirr darauf, dann rutscht es nicht mehr. So wird nichts verschüttet und zusätzliche Wege zur Haushaltswarenabteilung, um neue Teller zu besorgen, erledigen sich damit von selbst.

Kinderschüssel

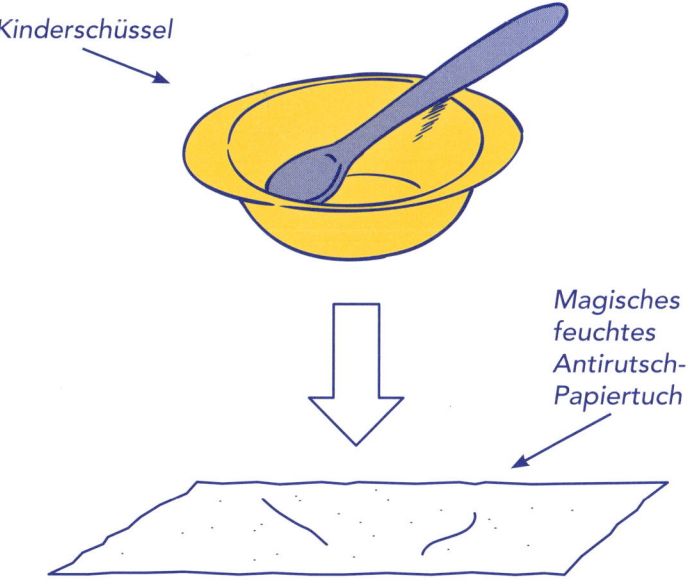

Magisches feuchtes Antirutsch-Papiertuch

SOCKEN FÜR MÖBEL

Aller Wahrscheinlichkeit nach haben Ihre Kinder weniger Interesse daran als Sie, die Holzböden zu schonen (wer könnte es ihnen verdenken – sie sind vollauf mit aufregendem Kids-Kram beschäftigt!). Falls Sie also jedes Mal zusammenzucken, wenn ein Stuhl achtlos über den makellosen Boden geschleift wird, dann hilft dieser Hack.

Alles, was Sie brauchen, sind ein paar Socken, je ausgefallener, desto besser! Ziehen Sie die Socken über die Stuhlbeine und es wird nicht nur der Boden vor Schrammen bewahrt, sondern auch Ihnen bleibt das schreckliche Schleifgeräusch erspart.

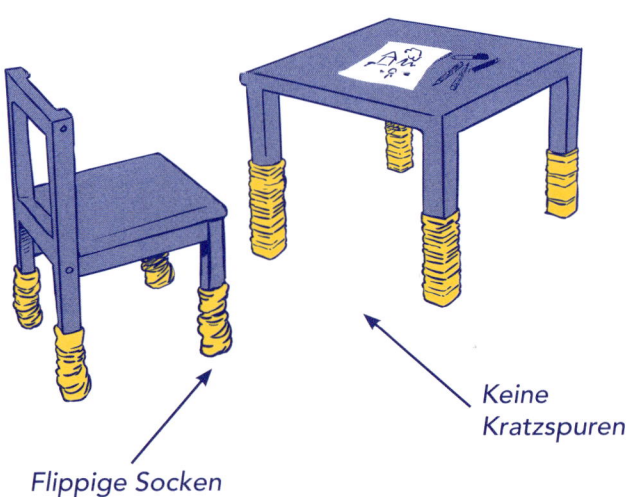

Keine Kratzspuren

Flippige Socken

BABYBADEWANNE

Vor allem in der Badewanne können Kleinkinder leicht mal weg-rutschen, und wenn dazu noch Spielzeug kommt, kann es brenzlig werden.

Was also brauchen Sie, um die Spielsachen in Reichweite Ihres Kindes und Ihr Kind an einer Stelle zu halten? Einen Plastikwäschekorb! Ihr Kind kann darin sitzen und das Bad genießen, ohne nach Spielzeug suchen zu müssen.* Genial!

* Lassen Sie Ihr Kind in der Badewanne niemals unbeaufsichtigt.

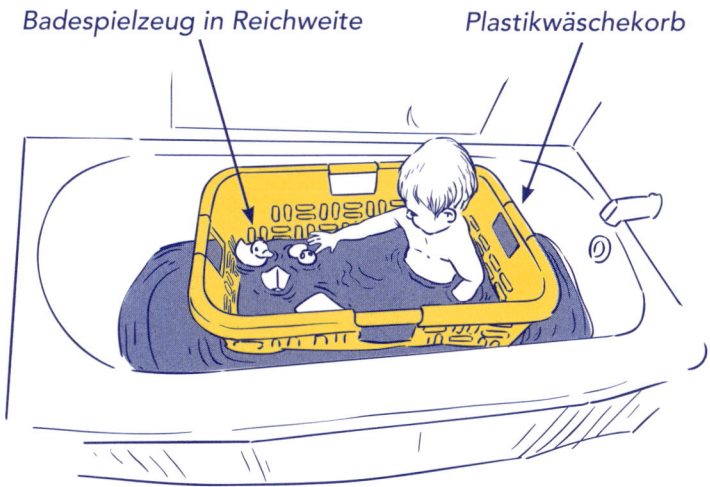

Badespielzeug in Reichweite   Plastikwäschekorb

ORIGINELLER LAUFSTALL

Wenn Ihr Kind zu krabbeln oder zu laufen beginnt, ist es allen möglichen Gefahren ausgesetzt. Was tun Sie also, wenn Sie mal telefonieren oder aufs stille Örtchen müssen oder einfach nur fünf Minuten Ruhe haben wollen? Der folgende Hack löst dieses Problem.

Erstehen Sie ein aufblasbares Planschbecken – eins mit hohen Seiten – und Sie haben einen sicheren Laufstall, in den Sie Ihr Kind setzen können. Sie könnten sogar einige Bälle hineinfüllen, um ein Bällebad zu kreieren – Stunden sicheren Vergnügens für Ihr Kind und ein nettes Plätzchen für Sie!

Stunden sicheren Spielvergnügens

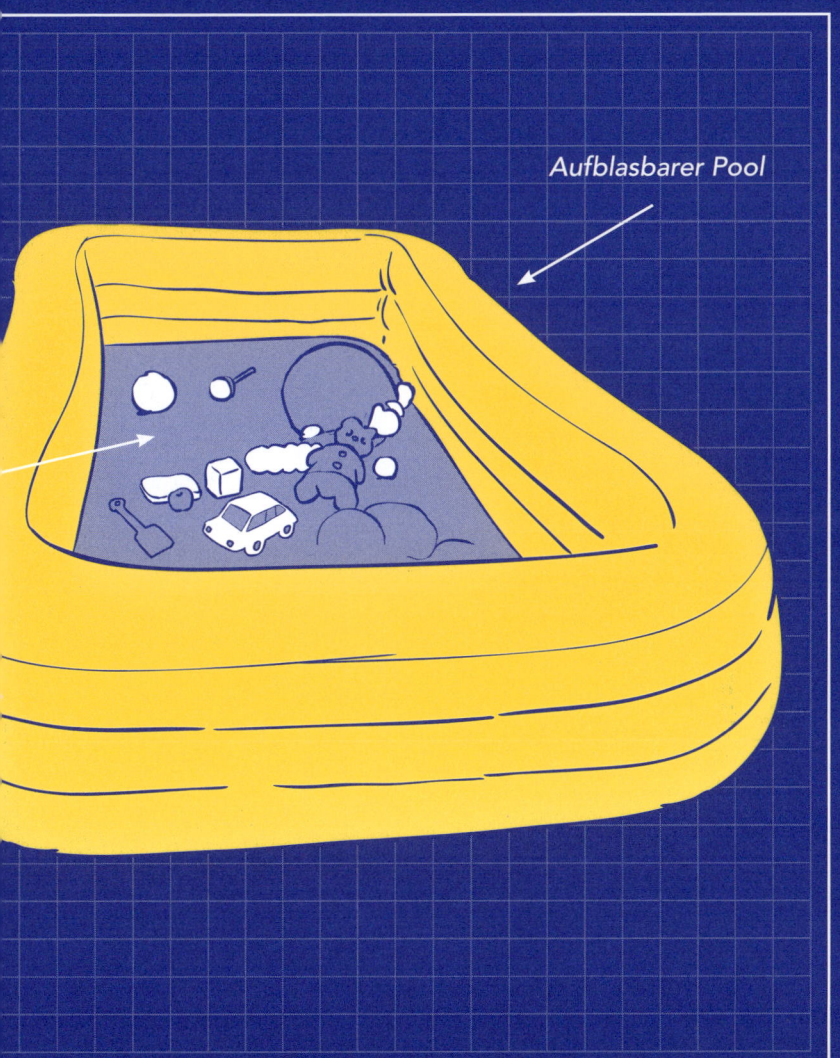

Aufblasbarer Pool

WASCHROUTINE IN DREI SCHRITTEN

Helfen Sie Ihrem Kind, selbstständiger zu werden und sich mit diesem Hack gute Waschgewohnheiten anzueignen.

Kreieren Sie mit einem kleinen Vorratsbehälter und drei Plastikbechern eine eigene Waschstation für Ihr Kind. Bringen Sie im ersten Becher Zahnbürste und Zahnpasta unter; in Becher zwei einen zusammengerollten Waschlappen fürs Gesicht und in Becher drei Haarbürste, Kamm und wenn nötig Haargummis und -klammern. Nummerieren Sie die Becher, damit Ihrem Kind die Reihenfolge klar ist, und schon ist es bereit für die Schule oder das Bett!

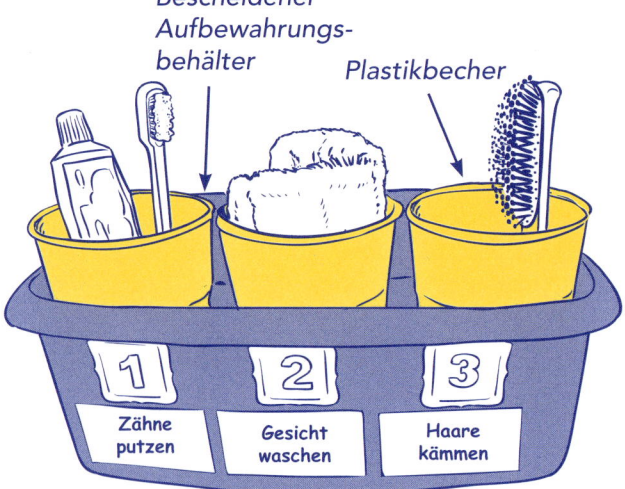

Bescheidener Aufbewahrungsbehälter

Plastikbecher

1 — Zähne putzen

2 — Gesicht waschen

3 — Haare kämmen

DRAUSSEN UND UNTERWEGS

Mit Kindern draußen unterwegs zu sein kann eine heikle Angelegenheit sein. Dieses Kapitel zeigt Ihnen, wie Sie den Stress mittels einiger Sicherheitstipps und einer guten Portion gesunden Menschenverstands verringern.

SELBSTGEMACHTER SANDKASTEN

Kinder spielen mit Vorliebe im Sand. Wenn Sie also nicht gerade einen Strand in der Nähe haben, ist dieser Hack für Sie.

Bauen Sie ein kleines Zelt auf und befüllen Sie den Zeltboden mit Sand. Jetzt haben Sie einen Sandkasten, der den Sand eingrenzt und Ihr Kind vor der Sonne schützt. Und nachts können Sie den Reißverschluss zuziehen, sodass Nachbars Katze nicht in Versuchung kommt, ihn als Klo zu benutzen.

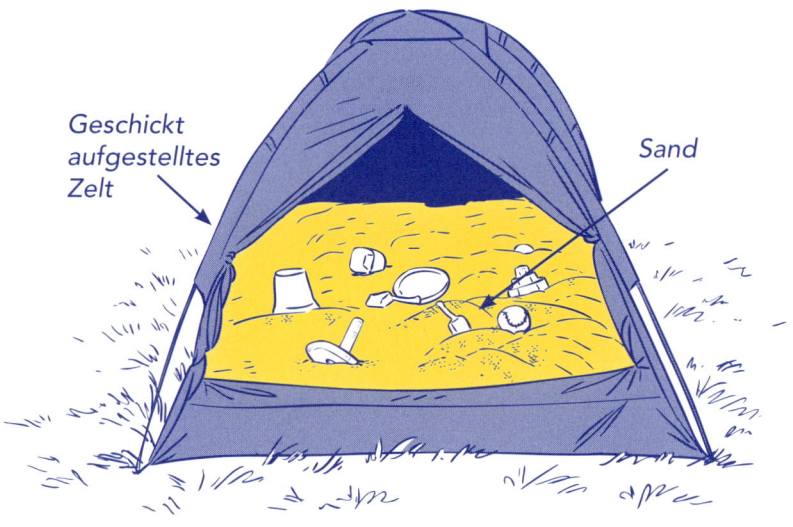

Geschickt aufgestelltes Zelt

Sand

ERKENNUNGSARMBAND

Gott verhüte, dass Ihr Kind jemals in der Menge verloren geht! Dennoch kommt so etwas überraschend häufig vor, darum gibt es bei Festivals oder öffentlichen Events oft eine Anlaufstelle für verirrte Kinder. Mit dieser Methode hat Ihr Kind stets einen »Ausweis« bei sich, der den Kontakt zu Ihnen ermöglicht.

Basteln Sie Ihrem Kind ein Armband mit Ihrer Telefonnummer aus Zahlenperlen. Eines Tages könnte das Armband sich als nützlich erweisen.

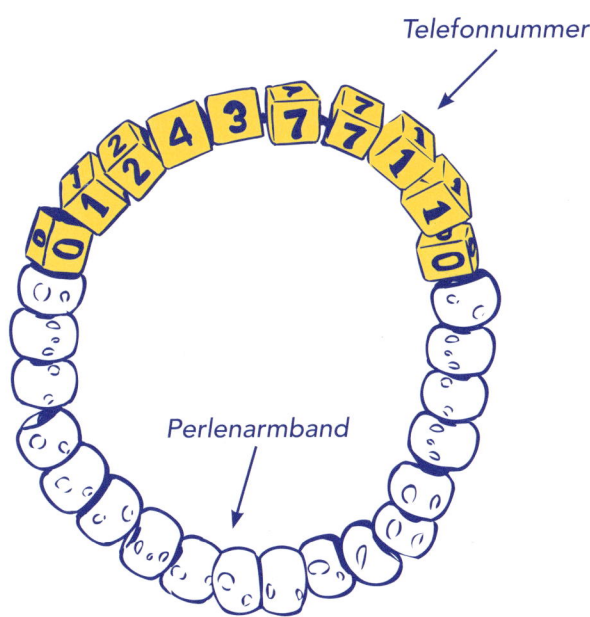

Telefonnummer

Perlenarmband

137

KINDERSITZKÜHLUNG

Gurtschnallen und andere Metall- und Plastikteile an Auto-Kindersitzen können glühend heiß werden, wenn der Wagen in der direkten Sonne geparkt ist. Dieser Hack sorgt dafür, dass Ihre Kinder sicher sind.

Bewahren Sie im Wagen eine Sprühflasche mit Wasser auf und bespritzen Sie Schnallen und andere aufgeheizte Teile, bevor Sie Ihr Kind in den Autositz setzen. Das Wasser braucht nicht besonders kalt zu sein, denn es kühlt das Metall und Plastik beim Verdunsten ab.

*Brennend heiße
Gurtschnalle*

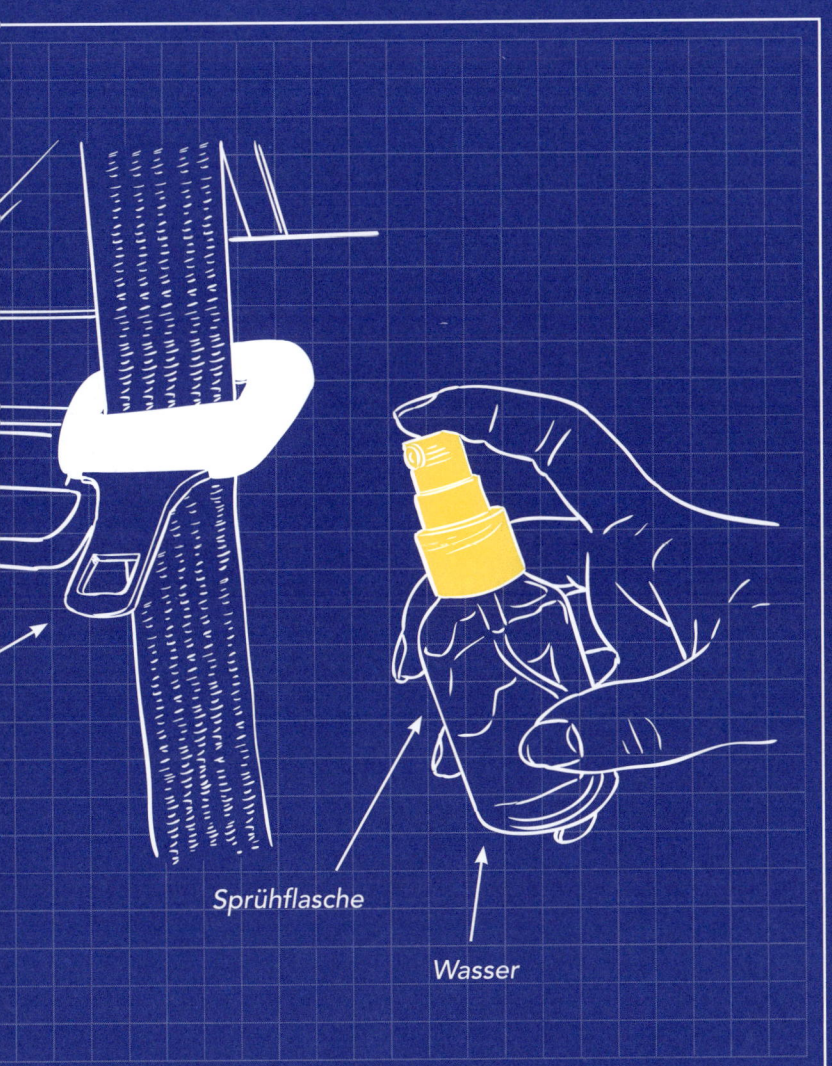

Sprühflasche

Wasser

STRANDLAKEN

Ausflüge an den Strand sind ein aufregender Bestandteil jeder Kindheit. Allerdings ist es quasi vorprogrammiert, dass der Sand einfach überallhin gelangt. Mit diesem einfachen Hack bleibt der Sand am Strand und fern von Ihren belegten Broten.

Bringen Sie beim nächsten Strandausflug ein Spannbettlaken mit – am besten im Doppelbettformat, um einen möglichst großen Bereich abzudecken. Finden Sie den perfekten Liegeort, breiten Sie das Laken auf dem Sand aus und beschweren Sie es an den vier Ecken mit Gegenständen, um es zu spannen. Nun haben Sie einen Bereich ohne Sand, in dem Ihr Kind spielen und sandfreie Brote essen kann.

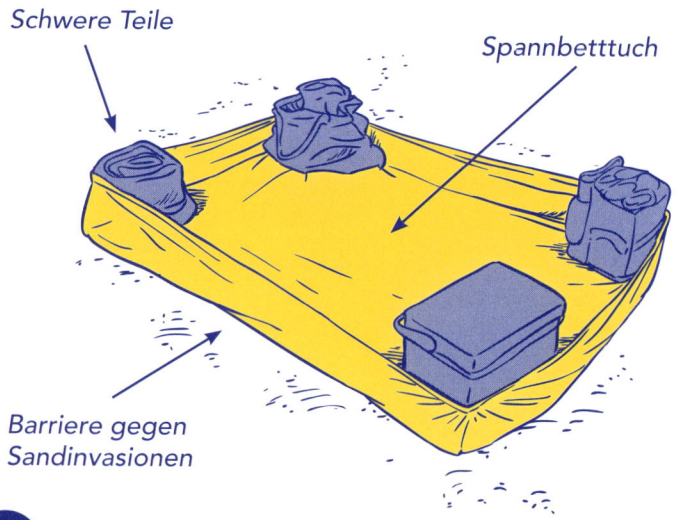

Schwere Teile

Spannbetttuch

Barriere gegen Sandinvasionen

SICHER IM PARKHAUS

Für kleine Kinder kann ein Parkhaus ein gefährlicher Ort sein. Schnell kann es passieren, dass Sie abgelenkt sind, wenn Sie nach Kleingeld für den Ticketautomaten suchen oder Ihre Einkäufe im Kofferraum verstauen.

Halten Sie Ihre Kinder sicher in Ihrer Nähe, indem Sie hinten an Ihrem Wagen Aufkleber anbringen - einen für jedes Kind - und ihnen einimpfen, eine Hand auf den Sticker zu legen und sich so lange nicht von der Stelle zu rühren, bis Sie fertig sind und sie entweder im Autositz angurten oder zum Einkaufen an die Hand nehmen können.

Sticker

Kind an sicherer Stelle

SPIELZEUGAUF-BEWAHRUNG FÜRS AUTO

Hier eine tolle Methode, Ihr Kind auf langen Autofahrten zu beschäftigen und bei Laune zu halten.

Haken Sie einen Schuhhänger an der Rückseite des Vordersitzes fest, Ihrem Kind gegenüber, und füllen Sie Lieblingsspielzeug, etwas zu trinken und ein paar Snacks hinein. Nun kann sich Ihr Kind selbst alles nehmen. Das ist mal eine clevere Lösung für Eltern!

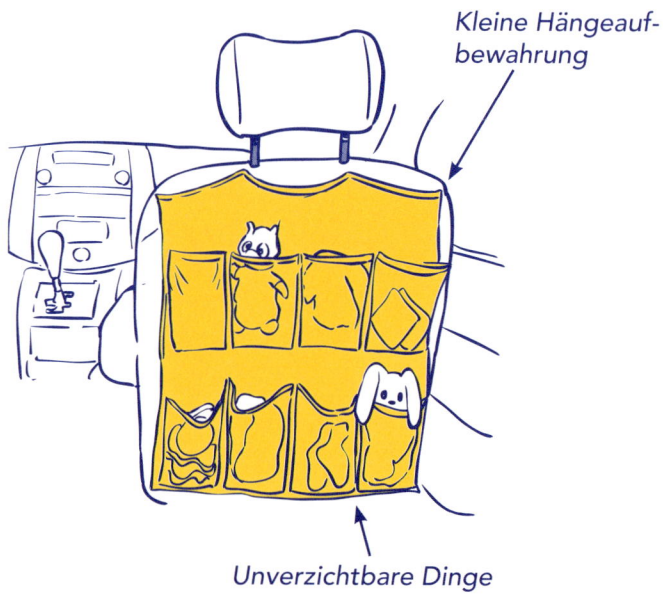

Kleine Hängeaufbewahrung

Unverzichtbare Dinge

SMARTPHONE-TV FÜRS FLUGZEUG

Wenn es auf Ihrem zehnstündigen Flug in den Familienurlaub auf Tobago kein Fernsehen am Platz gibt, seien Sie unbesorgt! Es gibt eine einfache Lösung, die Sie und Ihren Clan bei Laune hält.

Legen Sie Ihr Smartphone in eine durchsichtige Plastiktasche und befestigen Sie sie am Sitz vor Ihrem Kind. Nun ist Ihr Bordfernsehen startklar! Denken Sie nur daran, ein Loch für die Kopfhörer hineinzuschneiden – bestimmt wollen nicht alle Mitpassagiere »Timmy das Schäfchen« hören.

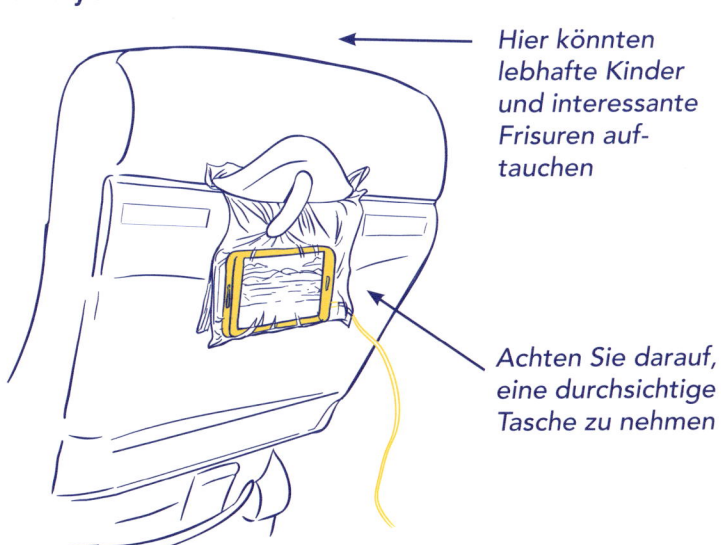

Hier könnten lebhafte Kinder und interessante Frisuren auftauchen

Achten Sie darauf, eine durchsichtige Tasche zu nehmen

RUCKSACK-MÜLL-TÜTENFUTTER

Sollten Sie heute ein Picknick im Wald machen wollen, bereiten Sie sich am besten mit diesem Hack vor.

Etwas, das Ihre Kinder ganz und gar nicht dulden, sind matschige Sandwiches. Kleiden Sie darum das Innere Ihres Rucksacks mit einem dicken Müllbeutel aus, um heftige Regengüsse und andere sandwichruinierende Elemente abzuwehren. Es hält zwar nicht so lange wie eine professionelle wasserdichte Auskleidung, kostet aber erheblich weniger.

Unvernünftig schwerer Rucksack

Superbillige, aber wirksame Mülltüte

Knochentrockene
Sandwiches und
Wertgegenstände

BUNTSTIFTE UNTERWEGS

Wenn Ihr Kind auf Zugfahrten oder unterwegs gern malt und zeichnet, dann ist dies die ideale Transportmethode für Malutensilien.

Basteln Sie einen Stiftebehälter, indem Sie eine DVD-Hülle umfunktionieren. Schneiden Sie zuerst den runden DVD-Träger heraus. Nun folgt das Stiftefach: Schneiden Sie ein Stück Pappe so aus, dass es in die Hülle passt, und kleben Sie einen Stoffstreifen darüber, der halb so groß ist wie die Pappe, sodass eine Tasche entsteht. Kleben Sie die Pappe dann in die rechte Hälfte der Hülle. Füllen Sie die Stofftasche nach dem Trocknen mit Stiften und schieben Sie Papier unter die Halteklammern links. Dekorieren Sie die Hülle.

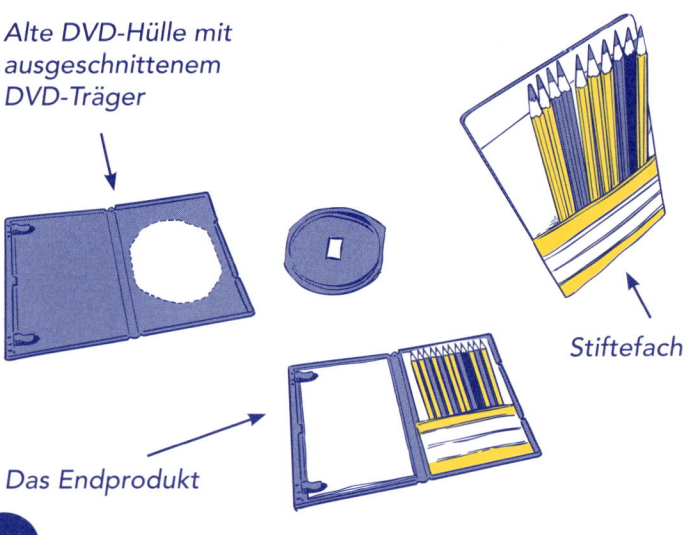

Alte DVD-Hülle mit ausgeschnittenem DVD-Träger

Stiftefach

Das Endprodukt

KINDERSITZ-KACKA-SCHUTZ

Babys können auf ihren Autositzen eine Riesenschmiererei anrichten, wenn sie explosionsartige Pannen haben. Dieser Hack verkürzt die anschließende Reinigungsprozedur erheblich.

Schneiden Sie einen Wickelauflagenbezug so zurecht, dass er in den Kindersitz passt. Schneiden Sie dann ein Loch für den Gurt hinein, der zwischen den Beinen Ihres Kindes hindurchführt. Sollte jetzt etwas überquellen, können Sie den Bezug entfernen und brauchen nicht den gesamten Kindersitz auseinanderzunehmen.

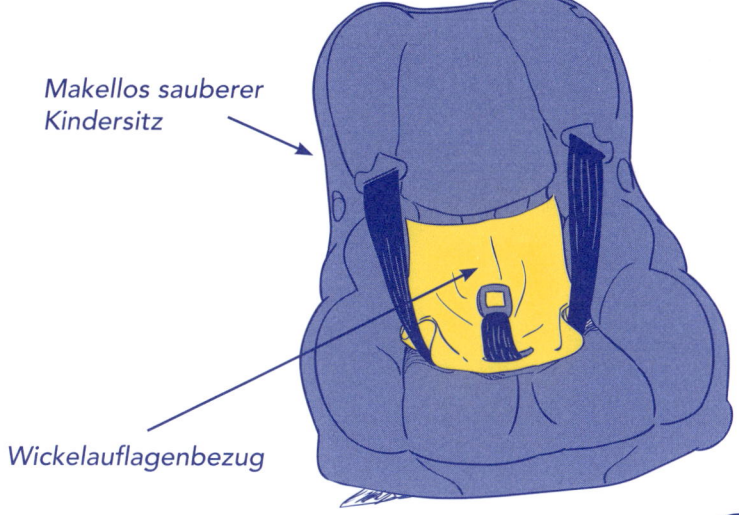

Makellos sauberer Kindersitz

Wickelauflagenbezug

BASTELN UND MALEN

Mit dieser beeindruckenden Serie preiswerter Mal- und Bastel-Hacks kann sich Ihr Kind kreativ austoben – denken Sie nur vorher an schützende Kleidung!

DO-IT-YOURSELF-FARBTÖPFCHEN

Hier ein Hack, der gleichzeitig Geld spart und recyclebar ist!

Kreieren Sie aus einem leeren Eierkarton eine preiswerte Mischpalette. Füllen Sie in jedes Eierfach eine Farbe und verwenden Sie Wattestäbchen als Pinsel. Nach dem Malen können Sie das Ganze entweder wegwerfen oder in einen verschließbaren Plastikbeutel stecken, bereit fürs nächste Mal – ohne Austrocknen!

Wattestäbchen

Eierkarton

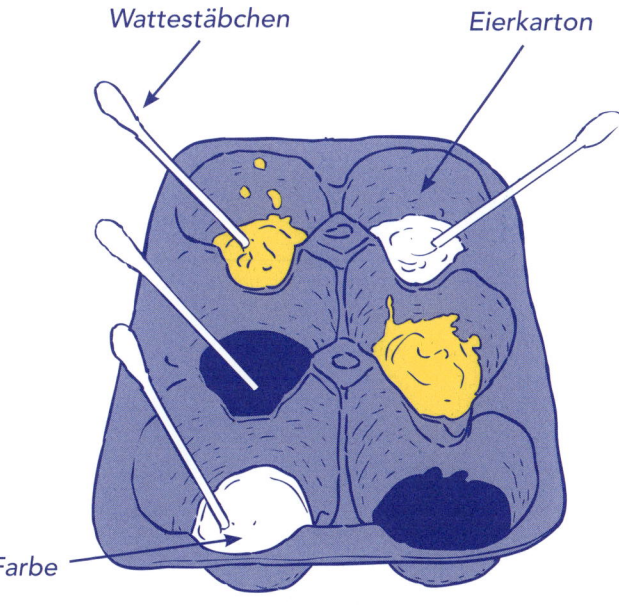

Farbe

SPÜLMASCHINENKORB FÜR KUNSTWERKE

Was tun, wenn die Spülmaschine kaputt-
geht? Nun ja, blitzsauberes Geschirr müssen Sie wohl eine Zeit lang abschreiben …
Wenn Sie aber das Bastelzubehör Ihres
Kindes verstauen wollen, können Sie sich
tatsächlich glücklich schätzen.

Nutzen Sie die vormaligen Tellereinsätze
für Malbücher und Mappen mit Kunstwer-
ken und den Besteckkorb für Stifte und Pinsel. Ihr Kind hat nun alles, was es braucht,
um sich künstlerisch zu entfalten.

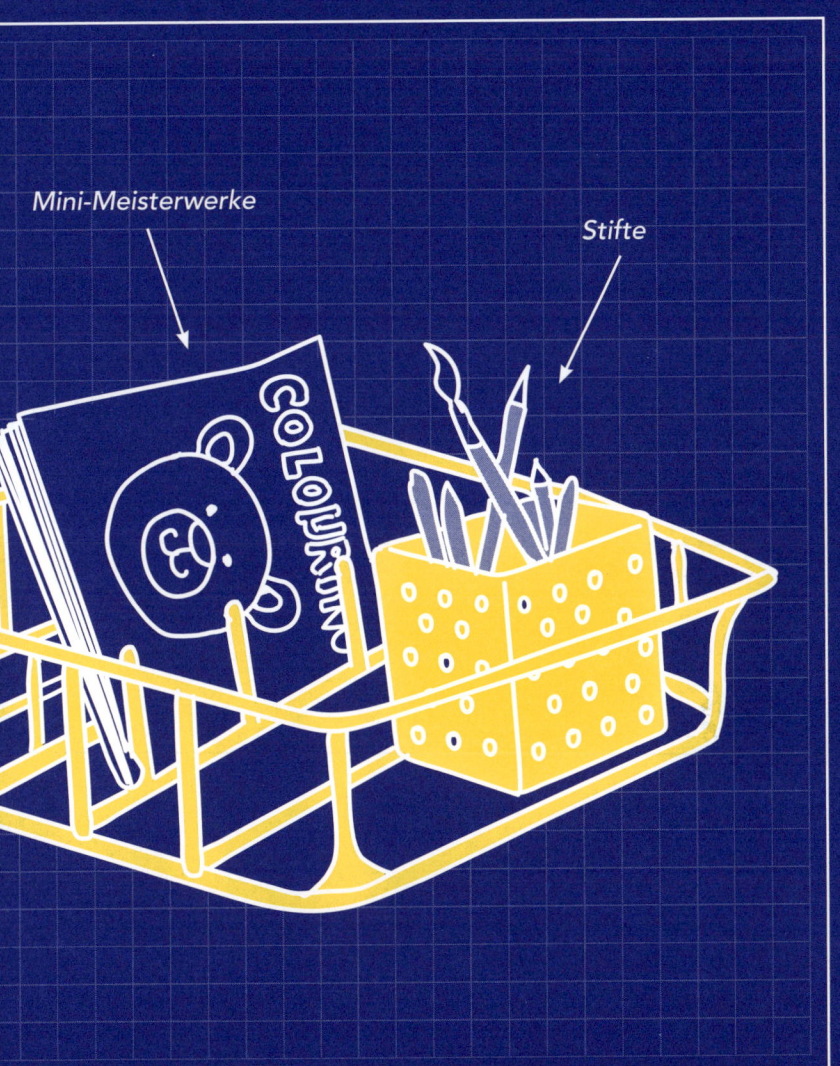

Mini-Meisterwerke

Stifte

BASTELKLEBER-SCHWAMM

Basteln mit Kindern artet oft in eine Schmiererei aus. Irgendwie schafft es ein Kind immer, für einen einzigen Goldstern, der aufgeklebt werden muss, eine halbe Flasche Kleber zu verbrauchen.

Sie müssen also einen Trick parat haben, um für Nachschub zu sorgen. Nehmen Sie eine Tupperdose und schneiden Sie einen Schwamm so zurecht, dass er hineinpasst. Tränken Sie den Schwamm dann mit Bastelkleber, bis dieser aufgesaugt ist. Stellen Sie die Dose mit dem klebrigen Schwamm auf den Tisch. Wenn Ihr Kind Kleber braucht, kann es das Teil einfach auf den Schwamm drücken. Hinterher können Sie die Dose verschließen und fürs nächste Mal aufheben.

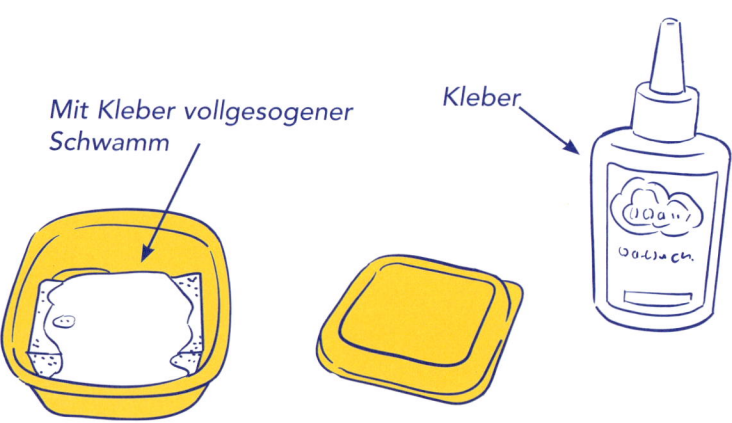

Mit Kleber vollgesogener
Schwamm

Kleber

SELBSTGEMACHTE PINSEL

Verschiedene Arten des Malens und Klecksens auszuprobieren macht den Kleinen großen Spaß. Statt Geld für teure Pinsel hinzublättern, können Sie sich mit diesem Hack selbst welche basteln.

Befestigen Sie verschiedene Stoffe und Materialien an Wäscheklammern. Verwenden Sie Teile von Schwämmen, Netzen, Topfreinigern, Filz und was Sie sonst gerade zur Hand haben. Diese Pinsel sind so einfach herzustellen, dass Ihre Kinder bestimmt gern dabei mitmachen.

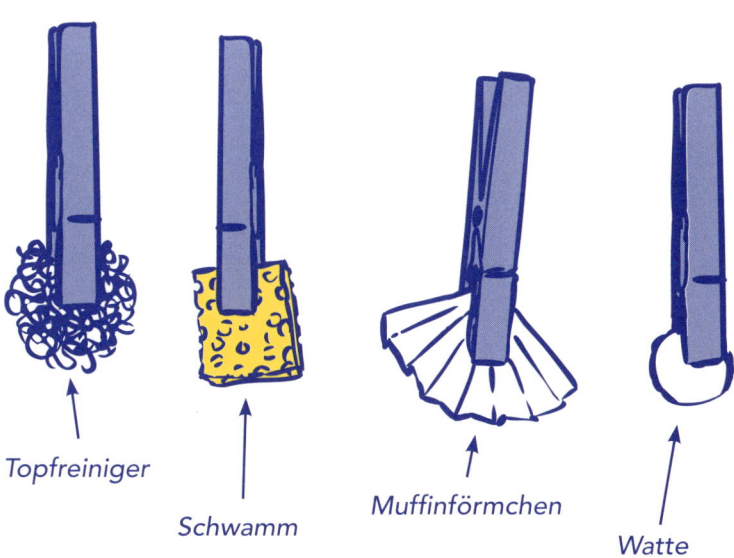

Topfreiniger

Schwamm

Muffinförmchen

Watte

KLECKERFREIES MALEN

Der nächste Hack ist wunderbar, wenn Sie etwas mit Ihrem Kind malen, aber hinterher nicht putzen wollen.

Füllen Sie etwas Farbe in einen (möglichst großen) Gefrierbeutel und kleben Sie ihn an ein Fenster. Achten Sie darauf, dass er fest verschlossen ist. Ihr Kind kann nun mit den Händen ein Meisterwerk erschaffen und Sie legen einfach die Füße hoch. Dieser Hack ist lustig, pädagogisch wertvoll *und* kleckerfrei!

Verschließbarer Gefrierbeutel (Gott steh Ihnen bei, wenn er nicht richtig verschlossen ist!)

Meisterwerk moderner Kunst

RUHE IM KARTON

Hier ein Hack, der Ihr Kind stundenlang bei der Stange hält. Alles, was Sie brauchen, ist ein bisschen Fantasie, einige Malstifte und einen geräumigen Karton, am besten so groß, dass Ihr Kind bequem darin sitzen oder liegen kann.

Schlagen Sie Ihrem Kind vor, den Karton innen und außen zu dekorieren, ganz nach Lust und Laune. Für Sie ist es nur ein Karton, aber für Ihre Kinder könnte es ein Schloss, ein Raumschiff oder alles Mögliche, was ihnen sonst noch einfällt, sein.

Zügellose Fantasie

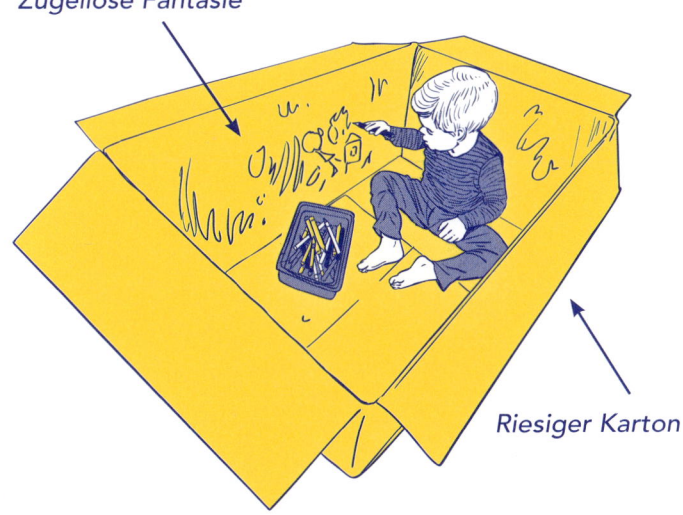

Riesiger Karton

GARTENKUNST

Dieser Hack ist ideal, um an einem warmen Sommertag kreativ zu werden.

Breiten Sie ein altes weißes Laken auf dem Gras aus – befestigen Sie es bei Wind mit Zeltheringen – und lassen Sie Ihre Kinder das Laken bemalen wie eine riesige Leinwand. Sie werden stundenlang beschäftigt sein und erhalten dabei noch ein gutes Quantum an Vitamin D.

Altes Laken —

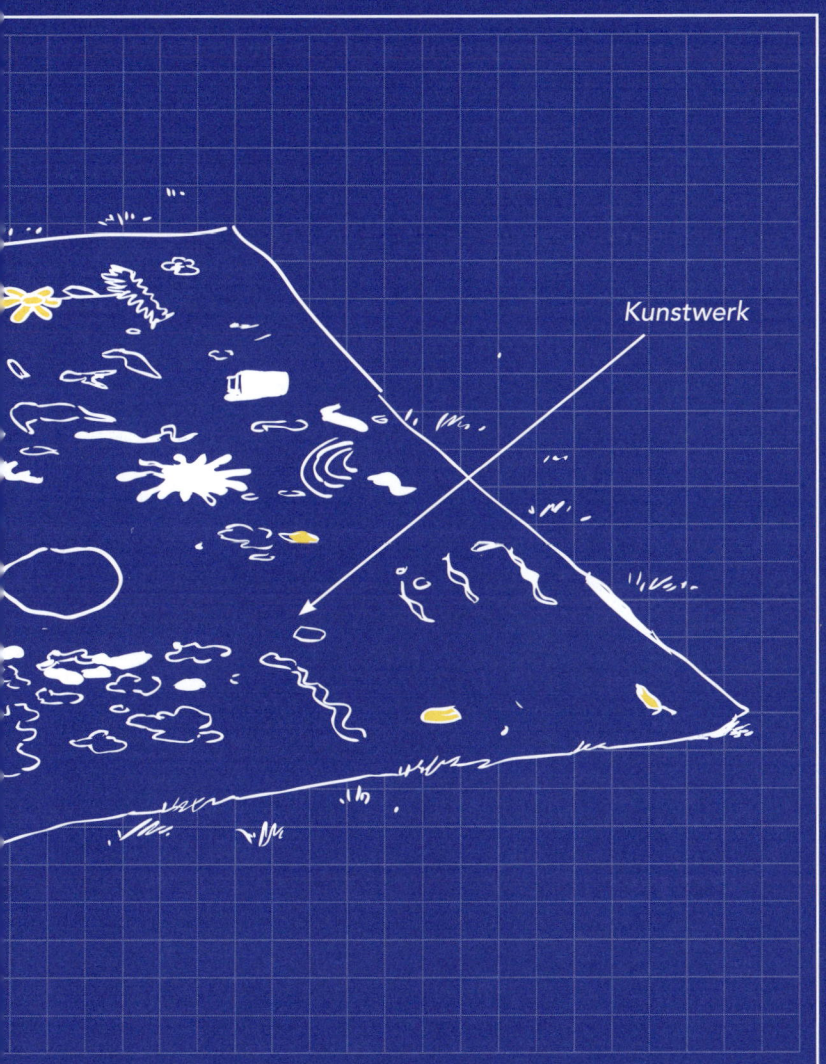

Kunstwerk

GITTERBETT-SCHREIBTISCH

Dieser einfache Do-it-yourself-Hack ist eine geniale Methode, ein Möbelstück weiter zu nutzen, das Sie andernfalls wegwerfen würden. Wenn Ihr Kind aus seinem Gitterbett herausgewachsen ist, wandeln Sie das Bett um in einen Spiel-, Mal- und Basteltisch.

Der Boden des Kinderbetts wird zur Tischplatte. Sie könnten noch einen Schritt weiter gehen und ihn mit Tafelfarbe anstreichen, dann kann Ihr Kind immer wieder mit Kreide darauf malen.

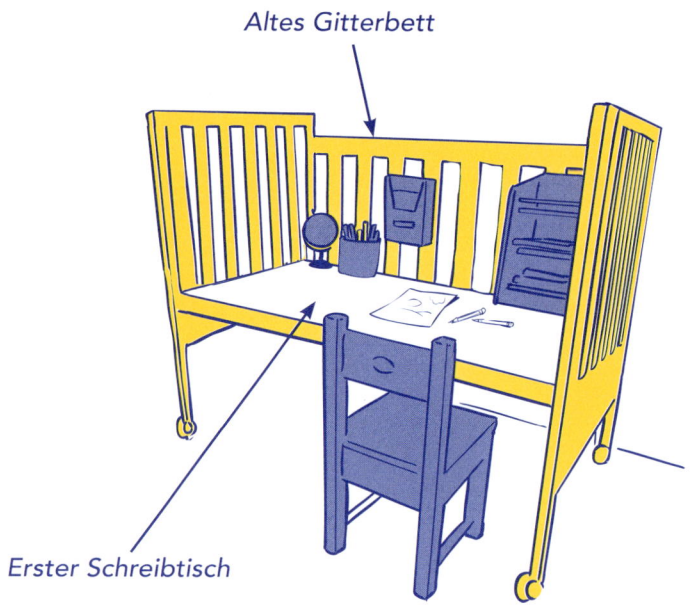

Altes Gitterbett

Erster Schreibtisch

VERRÜCKTER SELBST-GEMACHTER HUT

Hier ein Hack für die bessere Augen-Hand-Koordination.

Nehmen Sie ein Plastiksieb und Pfeifenreiniger: Lassen Sie Ihr Kind einen flippigen Hut basteln, indem es die Pfeifenreiniger durch die Löcher zieht. Diese Handgriffe bereiten es auf das Schreiben mit einem Füller vor (und leider wohl auch darauf, sich beim Unsinnmachen geschickter anzustellen).

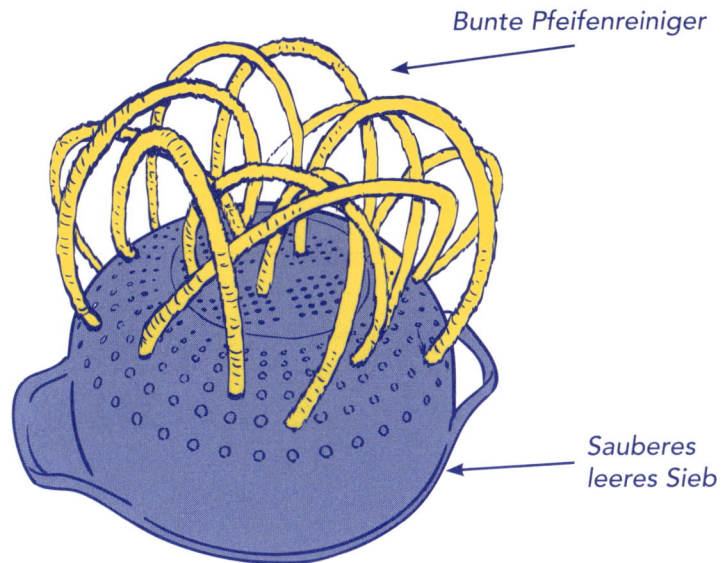

Bunte Pfeifenreiniger

Sauberes leeres Sieb

ENDLOSPAPIER

Kinder sind überaus produktiv, wenn es ums Zeichnen geht, doch ständig Papier zu kaufen kann ins Geld gehen. Hier eine preiswerte Methode, den endlosen Bedarf an Malpapier zu decken.

Erstehen Sie in einem Bürofachhandel eine Rolle Packpapier und hängen Sie sie an der Wand auf, sodass das Kind das Papier wie bei einer Toilettenpapierrolle herunterziehen kann. Fertigen Sie aus Holzresten oder -latten einen einfachen Rahmen an, um das Papier an Ort und Stelle zu halten. Befestigen Sie den Rahmen an der Wand und lassen Sie oben und unten einen Spalt, durch den das Papier gezogen werden kann.

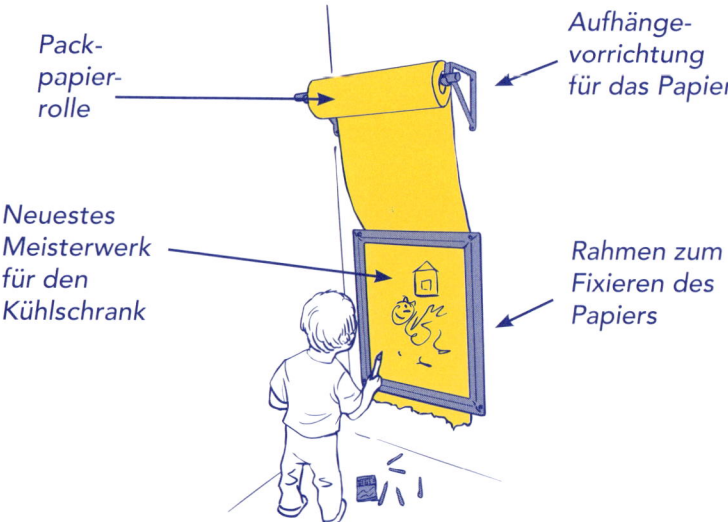

Pack-
papier-
rolle

Aufhänge-
vorrichtung
für das Papier

Neuestes
Meisterwerk
für den
Kühlschrank

Rahmen zum
Fixieren des
Papiers

SPASS UND SPIEL

Es ist Zeit, als Eltern auch mal für Spaß zu sorgen und Ihren Kindern zu zeigen, dass Sie nicht verlernt haben, wie man sich amüsiert – mit dieser Auswahl an vergnüglichen und mitunter lehrreichen Hacks.

MAGISCHE BANANEN-BOTSCHAFTEN

Wussten Sie, dass Bananen geheime Botschaften übermitteln können? Vorausgesetzt, Ihr Kind mag Bananen, hier ein Hack, um ihm den Tag zu verschönern.

Schnappen Sie sich einen Zahnstocher oder etwas Scharfes und ritzen Sie eine Nachricht in die Bananenschale. Am Anfang sieht man es kaum, aber warten Sie ein, zwei Stunden ab – dann wird die Schale braun und wie durch Zauberhand erscheint Ihre Botschaft! Perfekt für die Pausenbrotdose.

»Magische« Banane

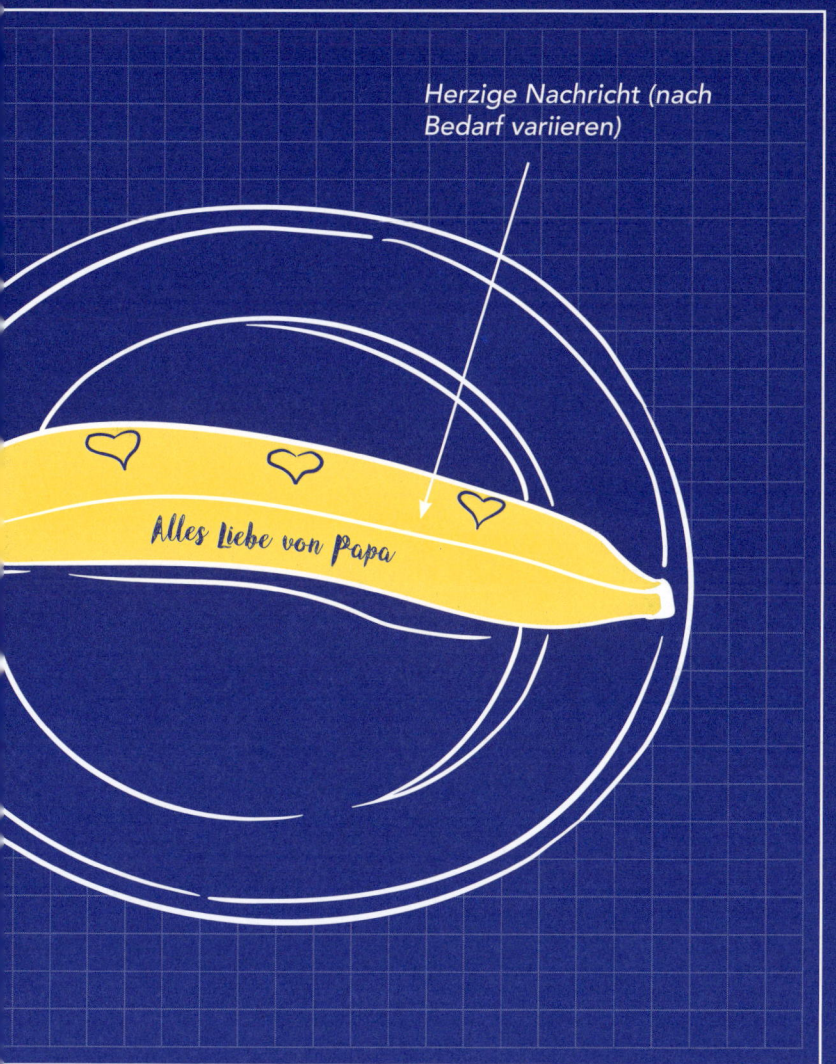

Herzige Nachricht (nach Bedarf variieren)

Alles Liebe von Papa

DUSCH DICH KLUG!

Bei jedem Duschen etwas schlauer werden – mit diesem kleinen Hack! (Sie brauchen dafür keine wasserfesten Schulbücher o. dgl.)

Ziehen Sie los und kaufen Sie einen Duschvorhang, auf dem eine Weltkarte abgebildet ist. So können Ihre Kinder bei einer belebenden Dusche gleichzeitig auch ihre Geografiekenntnisse wiederbeleben.

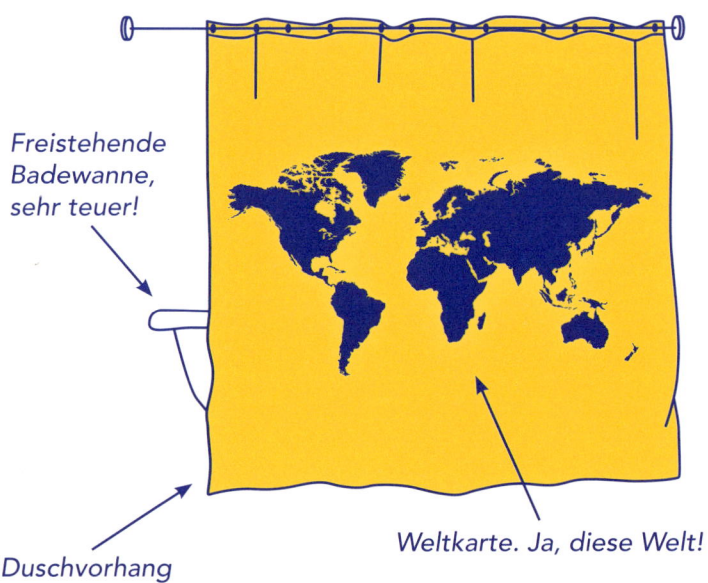

Freistehende Badewanne, sehr teuer!

Duschvorhang

Weltkarte. Ja, diese Welt!

KLOROLLEN-LAUTSPRECHER

Zu geizig, Ihrem Kind Lautsprecher fürs Smartphone zu kaufen? Warum auch, wenn es eine Klorolle auch tut! Okay, das ist etwas übertrieben. Aber sie verstärkt tatsächlich den Klang.

Schneiden Sie einen Schlitz hinein, so groß, dass das Smartphone hineinpasst, und stechen Sie Pinnwandnadeln als Füße in die Unterseite. Nun haben Sie eine tolle Handy-Halterung mit Klangverstärker!

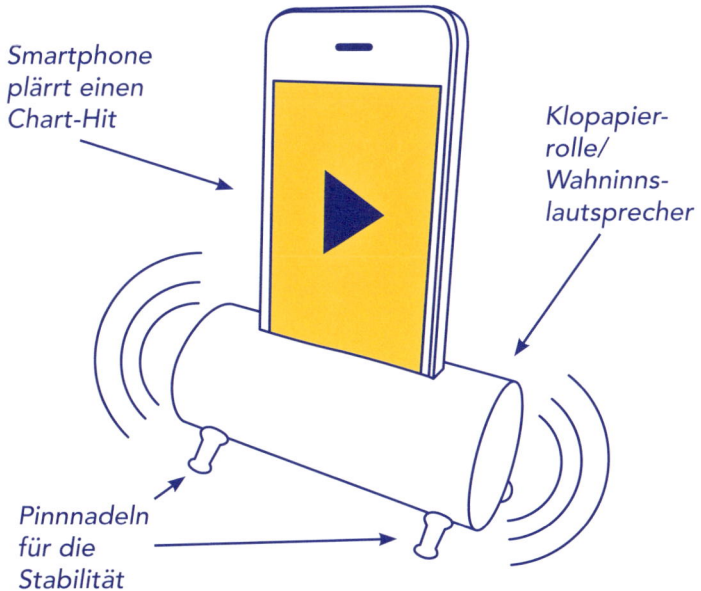

Smartphone plärrt einen Chart-Hit

Klopapierrolle/ Wahninnslautsprecher

Pinnnadeln für die Stabilität

165

MOTTEN-SPASS

Wenn Sie mit Ihren Kindern campen und nach Sonnenuntergang noch draußen bleiben wollen, brauchen Sie eine Extralampe – dieser Hack zeigt Ihnen, wie Sie eine herstellen.

Beeindrucken Sie die Kinder, indem Sie eine Wasserflasche auf Ihr Smartphone stellen, um eine Behelfslaterne zu kreieren. Das Licht des Bildschirms verwandelt das Wasser in der Flasche in eine Lampe, die die Dunkelheit erhellt und gleichzeitig Motten anlockt – tolle Neuigkeiten, wenn Ihr Kind solche kleinen Viecher mag!

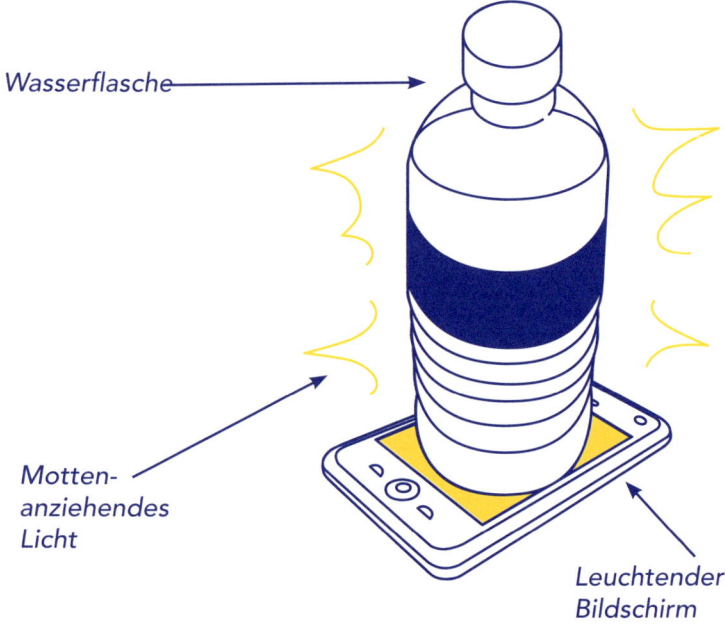

Wasserflasche

Motten-
anziehendes
Licht

Leuchtender
Bildschirm

EIN FRISBEE WERFEN

Wir alle haben schon athletische Typen gesehen, die mit einem Frisbee am Strand entlangparadieren und cool aussehen. Aber so richtig gut können sie das Frisbee nicht werfen, oder? Hier eine Chance, sie in ihrem eigenen Spiel zu schlagen.

Denken Sie daran: Um ein Frisbee korrekt zu werfen, muss man dieselbe Bewegung ausführen, wie wenn man ein Handtuch knallen lässt (das haben wir doch alle schon mal gemacht!). Das Frisbee wird jetzt gerade wie ein Pfeil fliegen. Herzlichen Glückwunsch!

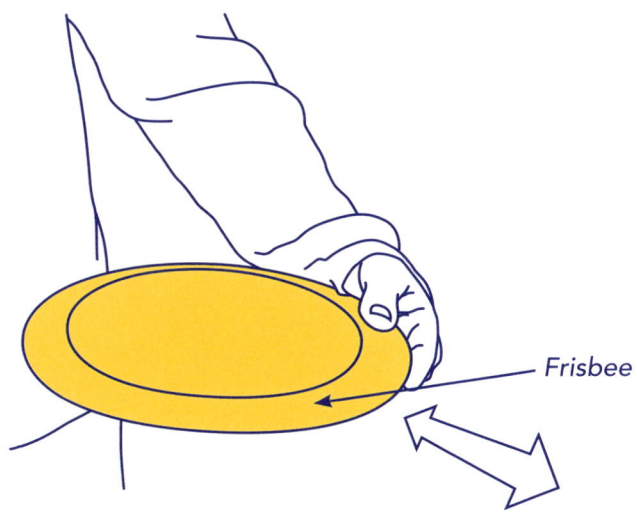

Frisbee

INSTANT-TISCH-HÄNGEMATTE

Beim nächsten Mal, wenn Ihr Liebling ein Schläfchen halten soll, aber nicht kooperiert, versuchen Sie es mit diesem cleveren Hack.

Binden Sie ein großes Bettlaken über einem Tisch zusammen und kreieren Sie so eine lustige Mini-Hängematte. Ihr Kind wird darauf brennen, sofort hineinzusteigen! Dazu nur einige Sicherheitshinweise: Testen Sie, ob Ihre Konstruktion sicher ist, und bringen Sie die Hängematte nicht zu hoch über dem Boden an. Ein Bettlaken hält nur ein gewisses Gewicht aus, darum eignet es sich am besten für kleine Kinder. (Steigen Sie nicht – ich wiederhole – STEIGEN SIE NICHT selbst hinein!)

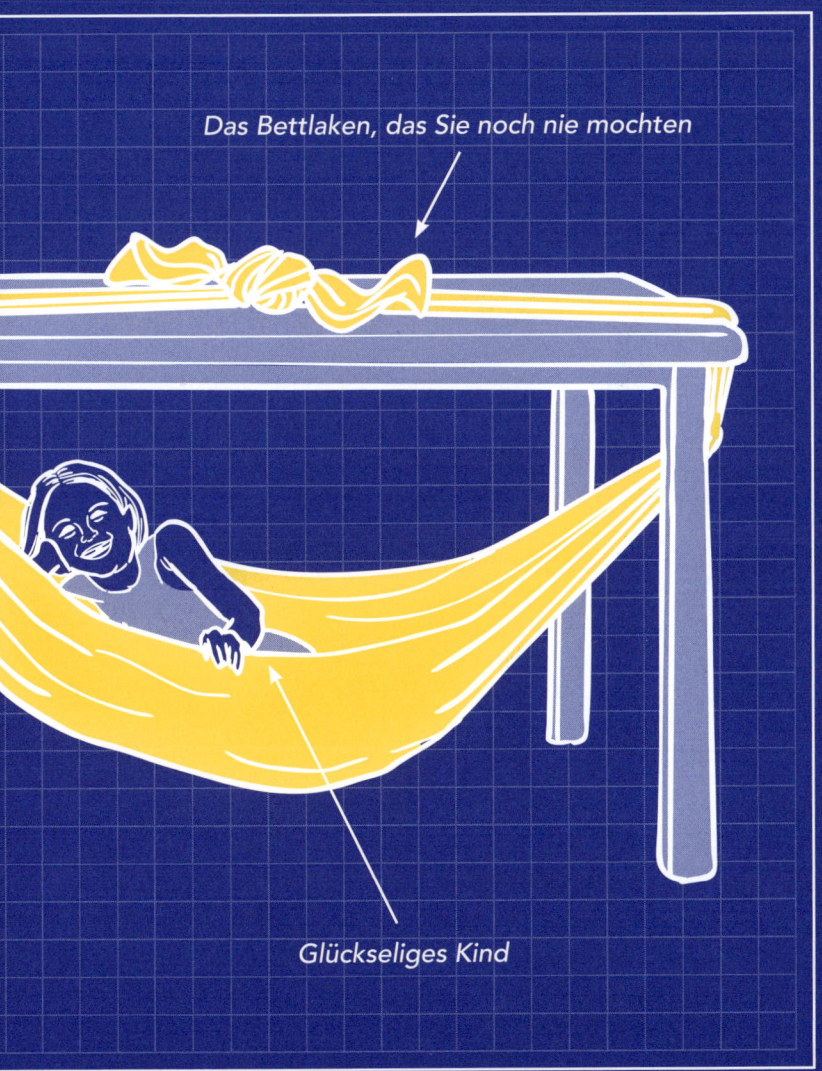

Das Bettlaken, das Sie noch nie mochten

Glückseliges Kind

LIFE HACKS FÜR ELTERN

LEUCHT-BOWLING

Für manche mag es unvorstellbar sein, aber das Bowling-Spiel kann noch verbessert werden (was eigentlich so ziemlich für alles gilt): Lassen Sie die Pins IM DUNKELN LEUCHTEN!

Das brauchen Sie dazu: Sechs Leuchtstäbe, sechs mit Wasser gefüllte Plastikflaschen (Etiketten entfernt), einen Ball, der schwer genug ist, um die Flaschen umzuwerfen (mit einem Basketball oder Fußball sollte es klappen), und Stift und Papier zum Aufschreiben des Spielstands. Gießen Sie etwas Wasser aus jeder Flasche ab und stecken Sie einen Leuchtstab hinein. Stellen Sie Ihre »Bowling-Pins« in einer Dreiecksformation auf und versuchen Sie, einer nach dem anderen, die Flaschen mit dem Ball umzukegeln. Im Gegensatz zu einer kommerziellen Bowlingbahn erfordert diese Aktivität nicht viel Aufwand und man darf seine eigenen Schuhe tragen!

Mit Wasser gefüllte Flaschen

Leuchtstäbe

KARTON-TREPPENRUTSCHE

Ein Haus voller gelangweilter Kinder ist der schlimmste Albtraum aller Eltern. Dieser Hack hält sie stundenlang auf Trab und macht Sie zu den coolsten Eltern der Welt.

Erinnern Sie sich an den Karton, in dem Ihr Rudergerät ankam, das nun im Gästezimmer verstaubt? Sie können ihn für eine tolle Treppenrutsche verwenden. So geht's: Machen Sie den Karton flach und kleben Sie ihn mit Kreppband seitlich an den Geländersockel. Häufen Sie Kissen und Decken als weiches Landepolster übereinander und das Rutschvergnügen kann beginnen! Aber lassen Sie die Kinder auch mal …

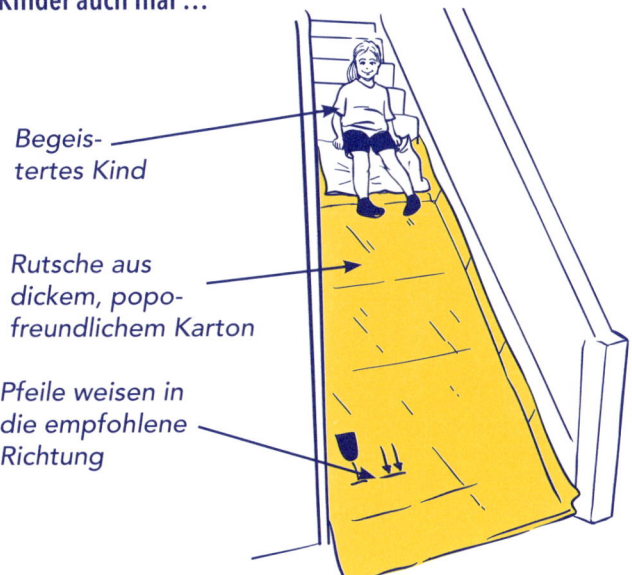

Begeis-
tertes Kind

Rutsche aus
dickem, popo-
freundlichem Karton

Pfeile weisen in
die empfohlene
Richtung

SCHAUKELN UND SCHLÜRFEN

Hier ein Trick, bei dem Sie die Füße hochlegen und einen Drink genießen können, während Ihr kleiner Schatz einen Riesenspaß auf der Gartenschaukel hat.

Binde Sie ein Seil am Sitz der Schaukel fest und lassen Sie es bis zu Ihrer Sonnenliege laufen. Nun können Sie mit ein und derselben geschmeidigen Bewegung am Seil ziehen und Ihren Kaffee schlürfen.

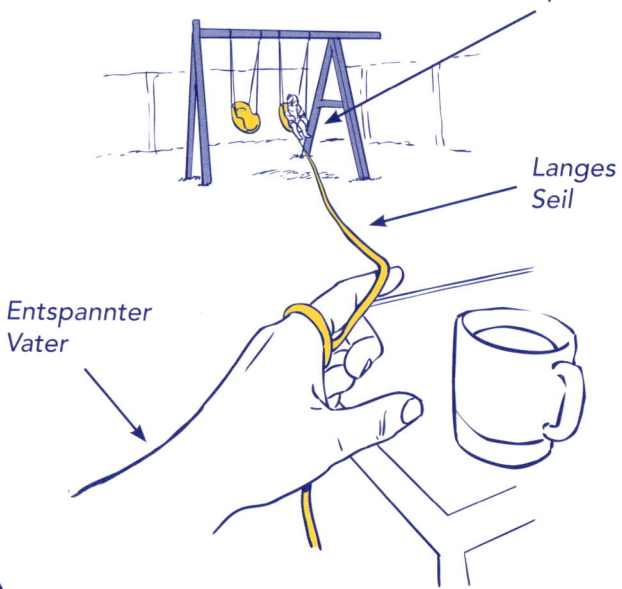

Kind amüsiert sich prächtig

Langes Seil

Entspannter Vater

MONSTER-ZERSTÄUBER

Wenn Ihr Kind nicht einschlafen kann, weil es Angst vor einem Monster unter dem Bett oder im Dunkeln hat, dann ist dieser Hack für Sie.

Besorgen Sie sich eine Sprühflasche, füllen Sie Wasser hinein und verzieren Sie die Flasche mit Glasfarbe – oder vielleicht möchte Ihr Kind selbst das Monster darauf malen? Sprühen Sie dann die Monster kurz vor dem Zubettgehen weg, sodass die ganze Familie unbeschwert durchschlafen kann.

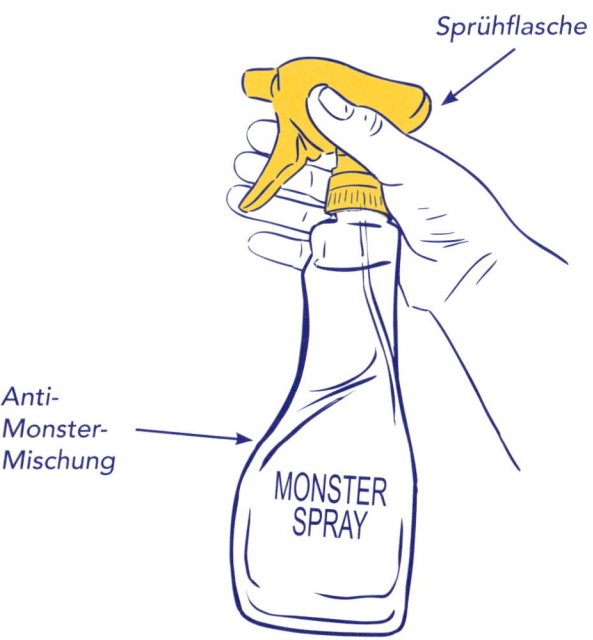

Sprühflasche

Anti-
Monster-
Mischung

MONSTER
SPRAY

SCHNITZELJAGD

Verlegen Sie ständig Dinge - Ihr Portemonnaie, die Autoschlüssel, Kopfhörer, die Brille? Sie könnten fachkundige Unterstützung brauchen - doch fürs Erste sollten Sie es mit diesem Hack versuchen.

Verzagen Sie nicht! Wenn Sie das nächste Mal eine Sache (oder auch mehrere) verlieren, heuern Sie einfach Ihre Kinder als Helfer an, indem Sie das Suchen zu einer lustigen Schnitzeljagd machen. Zeichnen Sie die Dinge auf ein Blatt Papier, sodass die Kinder genau wissen, was sie suchen sollen. Für jedes gefundene Teil gibt es einen Preis.

Liste fehlender Gegenstände

Ball

Fernbedienung

Schnuller

Brille

Stift

Tasse

KARTENSPIELE LEICHT GEMACHT

Kartenspiele können sehr viel Spaß machen, aber Kinder haben manchmal damit zu kämpfen, ihre Karten zu halten (am ehesten klappt es noch mit klebrigen Fingern). Dieser einfache Hack sorgt dafür, dass ihre Karten stets an Ort und Stelle bleiben.

Nehmen Sie einen Eierkarton und drehen Sie ihn um. Schneiden Sie dann in jede Eiermulde einen Schlitz. Stecken Sie die Karten in die Schlitze und Ihr Kind kann alle Karten auf einen Blick sehen, sie aber dennoch vor den Blicken der anderen Spieler schützen.

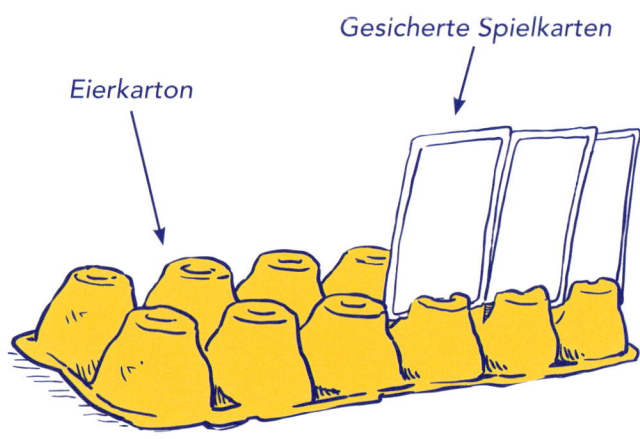

Gesicherte Spielkarten

Eierkarton

DIES UND DAS

Diese Hacks fallen zwar ein bisschen aus dem Rahmen, haben aber durchaus ihre Vorzüge. Außerdem: Da Sie sich mittlerweile als Life-Hacks-Held(in) bewährt haben, ist es Ihr gutes Recht, zu erfahren, wie man Stunden mit der Spielekonsole zubringen kann, ohne dass die Kinder das Kommando über das Spiel übernehmen.

AUFGABEN-RENNSTRECKE

Hier eine vergnügliche Methode, nachzuverfolgen, ob Ihr Kind seine Aufgaben erledigt (im Ernst, Sie geben Ihrem Kind keine Aufgaben?!).

Kreieren Sie eine Autorennstrecke auf einer Magnettafel. Teilen Sie die Bahn in verschiedene Pflichten auf, wie »Zimmer aufräumen«, »Hausaufgaben machen«, »Tisch decken«. Jedes Mal, wenn Ihr Sprössling eine davon erfüllt hat, darf das Auto ein Stück weiterfahren. Wenn Ihr Kind die Rennstrecke ganz durchlaufen hat, erhält es ein neues Auto für seine Sammlung.

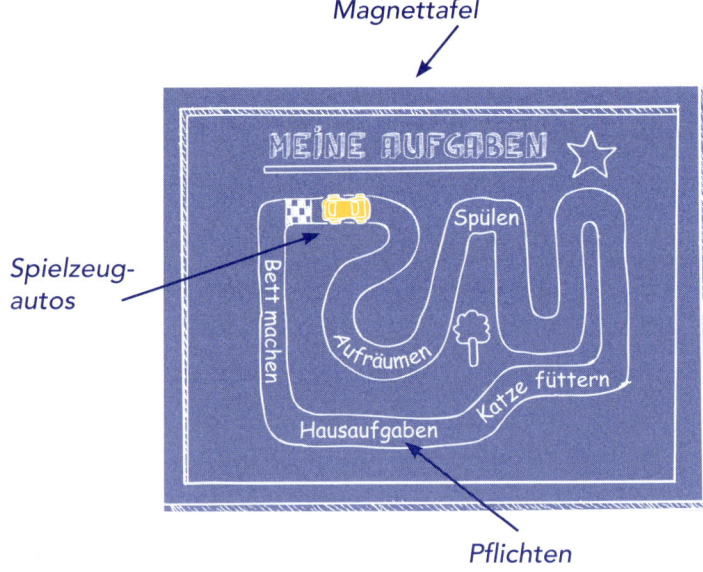

Magnettafel

MEINE AUFGABEN

Spülen

Bett machen

Aufräumen

Katze füttern

Hausaufgaben

Spielzeug-
autos

Pflichten

ICH WILL, ICH WILL!

Mit Kindern einzukaufen kann anstrengend sein, besonders wenn sie sehr viele Dinge sehen, die sie haben wollen. Mit diesem Hack gehen Sie dabei nicht bankrott und erhalten eine Menge Ideen, was Sie Ihrem Kind zu Weihnachten schenken können.

Wenn Ihre Kinder wieder einmal etwas sehen, ohne das sie einfach nicht leben können, holen Sie Ihr Handy heraus und fotografieren Sie es. Sagen Sie Ihrem Kind, dass Sie das Bild an den Weihnachtsmann schicken. Das sollte klappen, vorausgesetzt, es glaubt noch an den Weihnachtsmann.

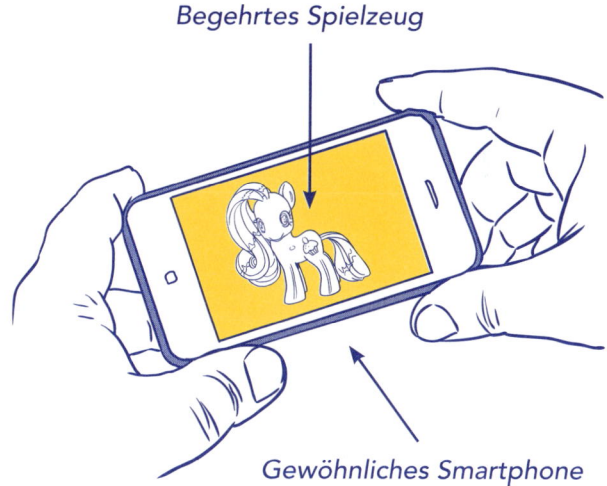

Begehrtes Spielzeug

Gewöhnliches Smartphone

BRIEFTASCHE ZUM SPIELEN

Wie kommt es, dass kleine Kinder viel lieber mit dem Inhalt Ihrer Brieftasche spielen statt mit dem teuren Spielzeug, das Sie ihnen gekauft haben? Das kann nicht nur dazu führen, dass Kreditkarten zwischen Bodendielen verschwinden, sondern auch zu zerrissenen und unbrauchbaren Geldscheinen. Die Antwort: Basteln Sie Ihrem Kind eine eigene Brieftasche, mit der es spielen kann.

Verwenden Sie eine Geldbörse oder Brieftasche, die Sie nicht mehr brauchen, und füllen Sie sie mit Visitenkarten und Kassenzetteln – damit hat Ihr Kind beim Spielen ebenso viel Spaß wie mit Ihrer Brieftasche.

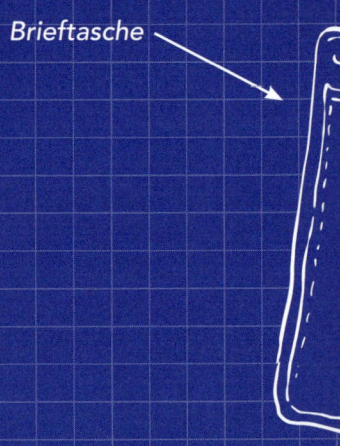

Brieftasche

Visitenkarten, buntes Papier, auf keinen Fall Kreditkarten

E-MAIL-ZEITKAPSEL

Dieser Hack erfordert zwar Vorausplanung, aber er ist es wert!

Richten Sie Ihren Kindern, wenn sie noch klein sind, einen E-Mail-Account ein (heben Sie das Passwort gut auf!). Schicken Sie E-Mails an die Adresse, um Meilensteine zu dokumentieren, wie den ersten Zahn, die ersten Schritte, den ersten Schultag etc., zusammen mit Fotos und Geschichten. Am 18. Geburtstag geben Sie ihnen E-Mail-Adresse und Passwort, sodass sie ihre erinnerungswürdigsten Momente noch einmal durchleben können.

Laptop

Eine von Herzen
kommende
E-Mail wird
geschrieben

KLEIDUNGSSORTIERHILFE

Haben auch Sie Mühe zu erkennen, welches Kleidungsstück wem gehört, wenn Sie die Wäsche sortieren? Wenn Ihre Kinder einen geringen Altersabstand haben, kann es knifflig sein. Hier ein leichter Hack, mit dem solche Verwirrungen der Vergangenheit angehören.

Malen Sie mit einem Permanentmarker einen Punkt auf die Kleideretiketten Ihres ältesten Kindes, zwei Punkte auf die Ihres zweitältesten Kindes und so weiter. Von nun an erkennen Sie durch einen kurzen Blick auf das Etikett am Kragen oder dem Hosenbund sofort, wem es gehört.

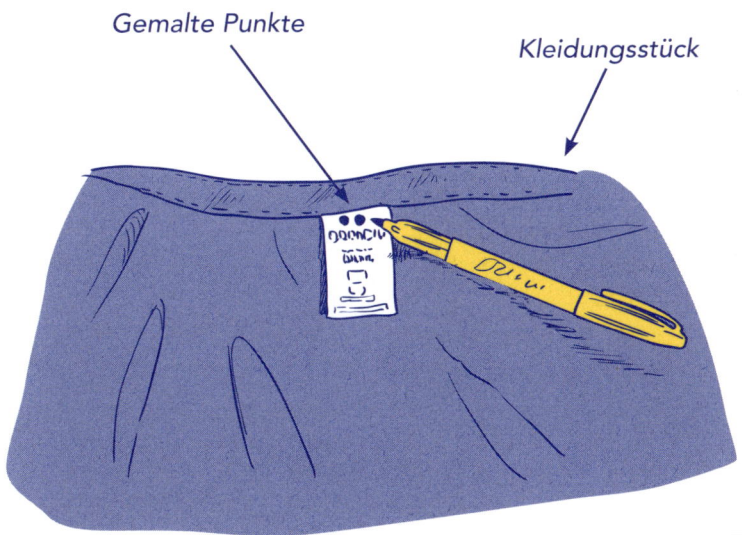

Gemalte Punkte

Kleidungsstück

SCHIMMELFREIE GUMMI-ENTE

Badetiere aus Plastik sind gar nicht mehr lustig, wenn sie schwarzen Schimmel »ausspucken« – das kann gefährlich für Ihr Kind sein! Hier ein Hack, der Ihnen hilft, dieses potenzielle Gesundheitsrisiko zu vermeiden.

Versiegeln Sie das Loch an der Unterseite des Spieltiers mit einer Heißklebepistole*, damit kein Wasser mehr hineinläuft.

* Heißklebepistolen finden Sie zu einem günstigen Preis in Hobby- und Baumärkten.

Klebe-pistole

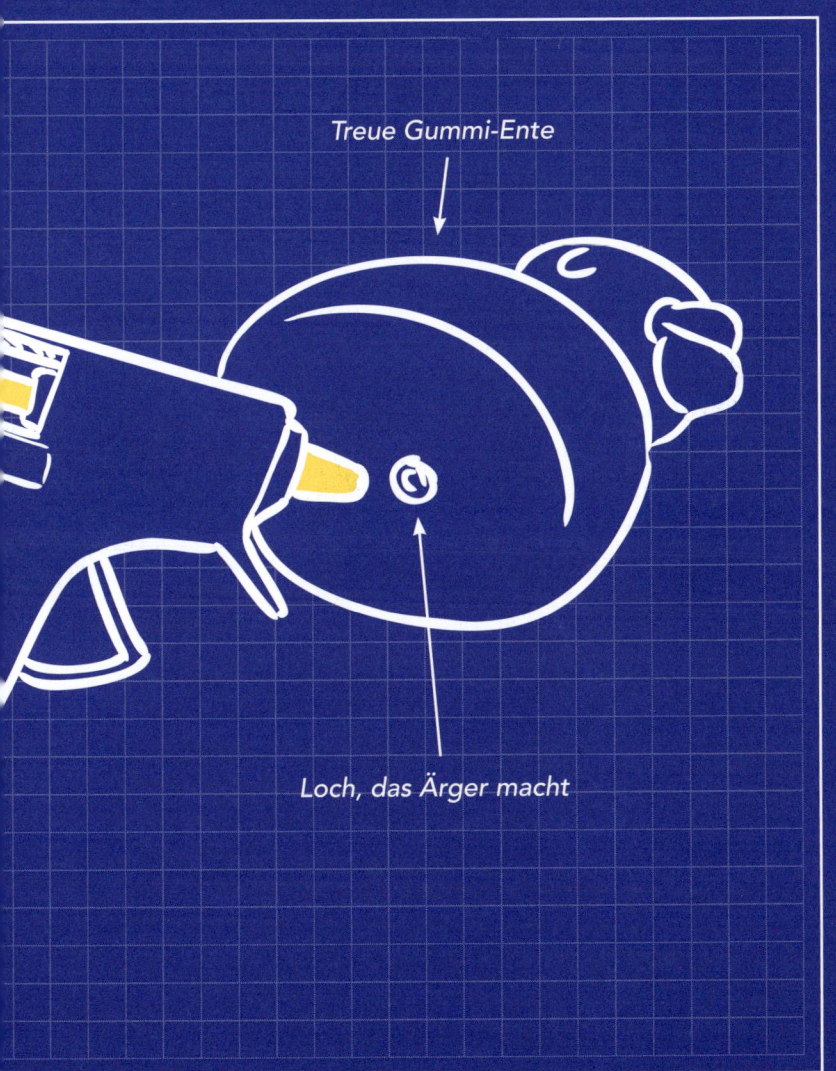

Treue Gummi-Ente

Loch, das Ärger macht

GAMING-SPASS FÜR DIE GANZE FAMILIE

Kinder tun gerne dasselbe wie Sie, besonders wenn es darum geht, auf der Spielekonsole Aliens abzuballern. Mit diesem Hack können Ihre Kinder mitmachen, ohne Ihren Spielstand zu vermasseln.

Statt Ihre Kinder aus dem Zimmer zu verbannen oder zu warten, bis sie im Bett liegen, geben Sie ihnen doch einfach einen Controller, der nicht angeschlossen ist, und Sie können zusammen spielen!

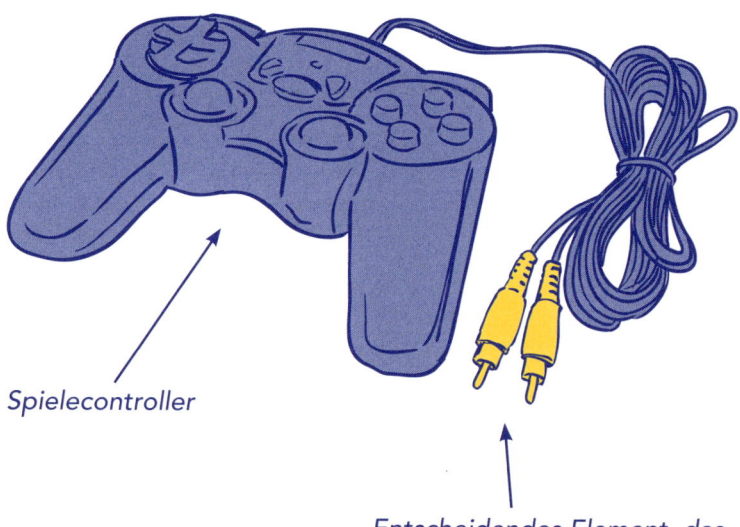

Spielecontroller

Entscheidendes Element, das nicht angeschlossen wird

ZUM SCHLUSS

Herzlichen Glückwunsch, Sie sind nun ein Hacks-Profi! Was auch immer Ihnen vom Leben – oder von Ihren Kindern – beschert wird, Sie können damit fertig werden. Sei es eine explodierte Windel oder ein Wutanfall im Spielzeugladen, Sie sind gewappnet.

Geben Sie diese Perlen genialer Erfindungskunst ruhig an andere Eltern weiter!

Möchten Sie mehr über unsere Bücher erfahren, dann finden Sie uns im Internet unter
www.anacondaverlag.de

INDEX

DIE ERSTEN LEBENS-WOCHEN

Body-Erleuchtung	9
Mekoniumschmelze	10
Kuschel-Socke	12
Turbo-Lakenwechsel	13
Kokosnuss gegen »Milchschorf«	14
Fleckenschutz	15
Zahnungsschmerzen lindern	16
Muttermilch-Eiswürfel	18
Milch – jederzeit bereit	19

SICHERHEIT IM HAUSHALT

Rutschfeste Puschen	21
Bett-Puffer	22
Fingerklemmschutz	24
Bücherregalschutz	25
Stecker-Versteck	26
Fenster-Sticker	27
Türschnapper-Sperre	28
Tennisball-Tischecken	30
Babysichere Glastische	31
Trampolinsicherheit	32
Wunderkerzenhalter	33
Rutschfester Teppich	34

ERSTE HILFE

Anti-Juckreiz-Banane	37
Splitter-Herausziehhilfe	38
Splitterentfernung mit Holzleim	40
Medizin-Einnahmeplan	41
Anti-Tropf-Kühlpack	42
Marshmallow-Kühlpack	43
Hals-Kratz-Hilfe	44
Marshmallow-Halsbonbons	46
Fruchtiger Hustensaft	47
Gute-Nacht-Socken für Schniefnasen	48
Sofortige Sonnenbrandlinderung	49
Toller Traubensaft	50

SAUBERMACHEN

Flitter verschwinde!	53
Wachsmalstift-Entferner	54
Brot-Radiergummi	55
Magischer Wasserringe-Entferner	56
Spielzeug keimfrei machen	58
Bananenflecken-Entferner	59
Kaugummi-Entferner	60
Babykackaflecken entfernen	61
Beerenflecken-Entferner	62
Permanentmarker entfernen	64
Erbrochenes entfernen	65
Pipiflecken und -geruch entfernen	66
Babysockenrettung	67
Grasflecken entfernen	68

INDEX

AUFRÄUMEN UND AUFBEWAHREN

Klettband-Stofftierhalter	71
Spielzeugaufbewahrung 1	72
Spielzeugaufbewahrung 2	74
Spielzeugaufbewahrung 3	75
Spielzeugaufbewahrung 4	76
Spielzeugaufbewahrung 5	77
Spielzeugaufbewahrung 6	78
Schuhregal-Hack	80
Flippige Schuhaufbewahrung	81
Weinregal wird zu Schuhregal	82
Kleidung smart verstauen	83
Stiftehalter	84
Kunstwerksicherung	86
Aufbewahrung für Badespielzeug	87
Geschenkpapier-Hack	88
Schrankerweiterung	89
Schuhkartonaufbewahrung	90
Haargummi-Halter	92
Selbstklebende Fernbedienung	93

ESSEN UND TRINKEN

Lätzchen stets zur Hand	95
Babynahrungswürfel	96
Eiswürfelbehälter mit Snacks	98
Frischhalte-Flaschenkragen	99
Hinterhältige Smoothies	100
Apfelschnitze-Trick	101
Trauben-Eiswürfel	102
Bleib sprudelig!	104
Die Portionsgröße ermitteln	105
Erdbeerspieß	106
Tropfenfänger für Eis am Stiel	107
Strohhalmhalter für Getränkedosen	108
Umfunktionierte Tüten-Clips	110
Ein wählerisches Kind zum Essen motivieren	111
Instant-Eisbecher	112
Quetschkarton	113
Insektensichere Getränke-abdeckung	114
Joghurteis-Lollis	116

PRAKTISCHER SCHNICKSCHNACK

Toilettenzielscheibe	118
Wasserhahnverlängerung	119
Toilettenpapiersparer	120
Trinklernbecher-Sicherung	122
Ordentliche kleine Nägel	123
Verschrammte Schuhe auffrischen	124
Kleinkram wiederfinden	125
Der richtige Schuh am richtigen Fuß	126
Schreiblernübung	128
Rutschfester Kinderteller	129
Socken für Möbel	130
Babybadewanne	131
Origineller Laufstall	132
Waschroutine in drei Schritten	134

DRAUSSEN UND UNTERWEGS

Selbstgemachter Sandkasten	136
Erkennungsarmband	137
Kindersitzkühlung	138
Strandlaken	140
Sicher im Parkhaus	141
Spielzeugaufbewahrung fürs Auto	142
Smartphone-TV fürs Flugzeug	143
Rucksack-Mülltütenfutter	144
Buntstifte unterwegs	146
Kindersitz-Kacka-Schutz	147

BASTELN UND MALEN

Do-it-yourself-Farbtöpfchen	149
Spülmaschinenkorb für Kunstwerke	150
Bastelkleber-Schwamm	152
Selbstgemachte Pinsel	153
Kleckerfreies Malen	154
Ruhe im Karton	155
Gartenkunst	156
Gitterbett-Schreibtisch	158
Verrückter selbstgemachter Hut	159
Endlospapier	160

SPASS UND SPIEL

Magische Bananenbotschaften	162
Dusch dich klug!	164
Klorollen-Lautsprecher	165
Motten-Spaß	166
Ein Frisbee werfen	167
Instant-Tischhängematte	168
Leucht-Bowling	170
Karton-Treppenrutsche	171
Schaukeln und Schlürfen	172
Monster-Zerstäuber	173
Schnitzeljagd	174
Kartenspiele leicht gemacht	176

DIES UND DAS

Aufgaben-Rennstrecke	178
Ich will, ich will!	179
Brieftasche zum Spielen	180
E-Mail-Zeitkapsel	182
Kleidungssortierhilfe	183
Schimmelfreie Gummi-Ente	184
Gaming-Spaß für die ganze Familie	186

BILDNACHWEISE